"十二五"国家重点出版规划项目
装备综合保障工程理论与技术丛书

# 装备保障工程
# 技术型谱

于永利 张 柳 著

国防工业出版社
·北京·

**图书在版编目(CIP)数据**

装备保障工程技术型谱/于永利,张柳著. —北京:国防工业
出版社,2015.11

(装备综合保障工程理论与技术丛书/于永利主编)

ISBN 978-7-118-10621-3

Ⅰ.①装… Ⅱ.①于…②张… Ⅲ.①武器装备—军
需保障 Ⅳ.①E237

中国版本图书馆 CIP 数据核字(2015)第 286168 号

※

*国防工业出版社* 出版发行

(北京市海淀区紫竹院南路 23 号 邮政编码 100048)

三河市众誉天成印务有限公司印刷

新华书店经售

*

**开本** 710×1000 1/16 **印张** 11 **字数** 166 千字

2015 年 11 月第 1 版第 1 次印刷 **印数** 1—2000 册 **定价** 42.00 元

**(本书如有印装错误,我社负责调换)**

国防书店:(010)88540777 发行邮购:(010)88540776

发行传真:(010)88540755 发行业务:(010)88540717

# 序

　　21 世纪以来,世界范围内科学技术革命的崛起,信息技术飞速发展并在军事领域广泛应用,有力地冲击着军事领域变革,战争形态逐渐由机械化战争向信息化战争演变,同时对装备保障能力产生的基本形态产生了深刻影响。认真落实习主席"能打仗、打胜仗"指示要求,着眼打赢未来基于信息系统体系作战,我军装备将逐渐形成以军事信息系统为支撑、以四代装备为骨干、以三代装备为主体的装备体系格局。信息化作战需要信息化保障,体系化对抗需要体系化保障。我军装备保障面临着从机械化保障向信息化保障、从单一装备保障向装备体系保障、从线性逐级保障向立体精确保障、从符合性考核向贴近实战考核转变等严峻挑战,未来信息化作战进程中的装备保障实践,对系统科学的装备保障基础理论与方法,提出了时不我待的紧迫要求。

　　伴随着军事技术和作战形态的发展要求,装备保障理论与技术不断创新发展。针对装备保障的系统研究,在国外始于 20 世纪 40 年代中后期,特别是 20 世纪 90 年代以来,随着"聚焦保障""基于性能的保障"等新的理念提出,以及相关工程实践的不断深化,装备保障工程在装备全寿命过程中的基础性、全局性的战略地位和作用得到了进一步强化。我国从 20 世纪 70 年代末开始引进、消化、吸收外军装备保障先进理念,运用系统科学思想研究装备保障问题,并在装备型号论证研制以及装备保障能力建设工作中不断应用,取得了大量的理论与实践研究成果,极大地推动了装备保障工程发展。经过 40 多年的研究与实践,装备保障工程在我军装备建设和军事斗争准备中的地位和作用不断升华,已经成为装备保障能力建设的基石,正在深刻地影响着装备保障能力和作战能力的形成与发展。装备保障工程既是型号装备建设的基础性工程,也是装备成系统成建制形成作战保障能力建设的通用性工程,还是作战进程中装备保障实施的重要技术支撑。

装备保障工程是应用系统科学研究解决装备保障问题的学科和技术,是研究装备全寿命过程中战备完好与任务持续能力形成与不断提高的工程技术。它运用系统科学与系统工程的理论和方法,从系统的整体性及其同外界环境的辩证关系出发,分析研究装备使用、装备保障特性与装备保障系统之间的相互作用机理,装备保障特性、保障系统的形成与演化规律,以及相关的理论与方法,并运用这些机理与规律、理论与方法,通过一系列相关的工程技术与指挥管理活动,实现装备的战备完好性与任务持续性以及保障费用与保障规模要求。装备保障工程技术包括装备保障特性工程、装备保障系统和装备保障特性与保障系统综合等技术。

为了积极适应未来信息化作战对装备保障提出的要求,我们组织人员对军械工程学院维修工程研究所十余年来在装备保障工程领域的科研成果进行了系统的总结,形成了装备保障工程系列丛书(共 22 本,其中有 16 本列入"十二五"国家重点出版规划项目),旨在为装备型号论证研制以及部队面向实战装备保障与运用提供理论和技术支撑。

整套丛书分为基础部分、面向型号论证研制关键技术部分和面向部队作战训练关键技术部分。

基础部分,主要从装备保障的哲学指导、装备保障作用机理以及装备保障模型体系等方面,构建完善的装备保障工程基础理论,打牢装备保障工程技术持续发展的基础,包括《装备保障论》《装备保障工程基础理论与方法》《装备保障工程技术型谱》《装备综合保障工程综合数据环境建模与控制》《装备保障系统基础理论与方法》《装备使用任务模型与建模方法》和《装备作战单元维修保障任务模型与建模方法》。

面向型号论证研制关键技术部分,主要从装备保障的视角出发,解决装备论证、研制过程中保障特性与保障系统规划、权衡和试验验证等问题,包括《装备保障体系论证技术》《型号装备保障系统规划技术》《型号装备保障特性与保障系统权衡技术》《型号装备保障特性试验验证技术》和《现役装备保障特性评估技术》。

面向部队作战训练关键技术部分,主要面向部队作战训练从维修保障需求确定、维修保障方案制定、维修保障方案评价和维修保障力量动态运用等方面构建完善的技术方法体系,为面向实战的装备保障提供方法手段,包括《装备作战单元维修保障要求确定技术》《装备作战单元维修保障力量编配技术》《装备作战单元维修保障资源预测技术》《装备作战单元维修保障建模与仿真》《装备作战单元维修保障能力评估方法》《装备作战单元维修保障力量运用》《装备作战单元保障方案综合评估方法》《基于保障特性的装备需求量预测方法》《多品种维修器材库存决策优化技术》和《面向任务的维修单元专业设置优化技术》。

着眼装备建设和军事斗争准备迫切需求,同时考虑到相关研究工作的成熟性,本丛书率先推出基础部分和面向部队作战训练关键技术部分的主要书目,今后随着研究工作和工程实践的不断深入,将陆续推出面向型号论证研制关键技术部分。

装备保障工程是一门刚刚兴起的新兴学科,其基础理论、技术方法以及工程实践的开展远没有达到十分成熟的阶段,这也给丛书的编著带来了很大的困难。由于编著人员水平有限,这套丛书不可避免会有很多不妥之处,还望读者不吝赐教。

丛书编委会

2015 年 11 月

# 前　言

　　装备保障工程技术型谱是在基础理论方面、基础技术方面、使能技术方面和应用技术方面对我国当前的装备保障工程技术现状进行梳理的基础上，从系统顶层设计的角度来规范技术领域，从而形成符合科技发展趋势并能满足较长时期及一定范围内全部使用要求的装备保障工程技术系列。装备保障工程技术型谱是当前以及未来较长一段时期内装备保障工程技术发展的指南，是对装备保障工程技术发展的阶段性、继承性和持续性思路的充分体现，将会起到了总结过去成果、支撑当前应用、引领未来发展的作用。

　　本书是在认真总结国内外关于装备保障工程技术的大量研究成果，以及军械工程学院多年来对装备保障工程技术研究与实践的基础上编写完成的。本书建立了装备保障工程技术领域的三维框架，明确了装备保障工程技术体系和技术型谱研究的基本思路，构建了技术规格的三维框架，制定了装备保障工程的技术型谱，并围绕型谱运用进行了研究。

　　全书共分6章。第1章阐述了技术型谱研究的作用，介绍了产品型谱概念、发展概况，分析了国内装备保障工程技术相关型谱研究现状；第2章明确了装备保障工程技术、装备保障特性与装备保障系统的内涵，分析了装备保障工程活动，建立了装备保障工程技术领域框架，理清了装备保障工程技术体系分类，形成了技术体系框架结构；第3章明确了装备保障工程技术型谱和技术规格的概念内涵，给出了技术特征分析确定方法，确立了技术型谱构建的基本思路，提出了基础理论、使能技术、基础技术和应用技术型谱的技术规格确定分析方法，并给出了相应的技术规格，初步形成了装备保障工程技术型谱框架；第4章按照确定技术规格，分别建立了装备保障特性工程技术型谱、装备保障系统技术型谱和装备保障工程综合技术型谱；第5章明确了软件需求、软件功能结构和使用流程，给出了技术型谱管理模块的实现方法；第6章给出了技术型谱用于确定发展方向发展重点的思路，以保障特性工程技术型谱为例,分析了装备保障特性工程技术发展现状,给出了装备保障特性工程技术发展方向。

本书由军械工程学院于永利教授和张柳教授共同编著,并负责全书的统稿和修改。在本书的编写过程中,得到了北京航空航天大学康锐教授和军械工程学院李三群主任、郝建平教授的大力支持,并提出了许多宝贵意见;杨军副教授在型谱管理系统设计方面提供了丰富的素材,在此一并深表感谢。

装备保障工程技术尚处于快速发展阶段,技术型谱研究还不够成熟,加之作者水平有限,书中的缺点和不妥之处在所难免,欢迎广大读者批评指正。

作 者

2015 年 9 月

# 目　录

# 第1章 绪 论

## 1.1 研究目的与意义

现代战争是高科技、信息化作战,具有战争突发性强、作战强度大、作战时间短、装备体系构成复杂等特点。在未来战场上,敌我双方的对抗不仅表现为装备体系的对抗,而且还表现为保障体系的对抗。战争的胜负由作战与保障运用的综合效果决定。其中,装备的保障能力是装备保障体系效能发挥的关键。

西方发达国家于20世纪40年代即开始关注装备的保障能力形成与持续改进的技术问题。目前在装备保障特性(指的是装备与保障相关的属性,如可靠性维修性测试性保障性安全性等)形成与持续改进方面的工程研制能力以及装备保障系统优化设计与持续改进技术等方面均达到了较高的水平。尤其是20世纪90年代以来,美军提出了"聚焦保障""基于性能的保障""经济可承受性"等新的发展战略,在更高的层次上强化了保障特性的基础性、全局性的战略地位和作用。

我国装备保障工程技术的发展经历了学习消化、吸收引进、自主研发等阶段,虽然落后于西方国家20年,但仍取得了丰硕的成果,如制定了管理规范和装备保障特性相关标准,建立了较为完整地标准体系,初步形成了技术体系,推进了装备保障工程工作的开展。但同时也暴露出来一些问题,主要体现在如下几个方面。

(1)从技术把握上看,目前的研究更关注装备保障工作本身,缺乏对装备保障技术的总体规划与把握,对于技术发展的协调性、配套性、相关性与完整性缺乏思考。对于先发展什么技术、后发展什么技术和急需发展什么技术等问题不清楚、不明确。缺乏从全寿命过程的角度统筹装备保障工程技术能力的形成与持续提高问题,缺乏对面向未来作战的武器装备体系的保障的统筹设计与规划,缺乏对武器装备体系的保障系统的能力进行统筹设计与构建等。

（2）从技术系列上看,目前的研究更关注于那些能直接作用于装备之上、取得直接效益的装备保障工程应用技术,而对于支撑应用技术的保障工程基础理论创新研究严重不足。技术领域基础理论所涉及的各种机理与规律的研究十分匮乏,造成装备保障工程应用技术发展的后劲不足。对于技术发展的梯次缺乏合理的考虑。

（3）从技术应用上看,目前的研究更关注于研制阶段型号装备保障特性工程技术的应用,而对于论证与使用阶段成体系、成建制、面向任务的装备体系（复杂系统）的保障工程技术的研究极度缺乏。造成装备全寿命过程保障特性技术发展的极度失衡,装备保障工程技术体系缺口很大。

（4）从技术转化上看,目前的部分研究成果,由于不完全符合国情,或者过于繁杂,或者脱离当前工程急需急,或者过于理论化等方面的原因,造成装备保障工程技术转化受限,保障工程技术的实际应用受阻。

综上所述,急需对装备保障工程技术进行梳理,科学合理地规划装备保障工程技术发展,使得装备保障工程技术能够成系列、配套的发展。也就是说,目前装备保障工程技术顶层规划具有十分的迫切需求。

装备保障工程技术型谱是指以最少数目的不同技术规格的装备保障工程技术为标志,符合科技发展趋势并能满足较长时期及一定范围内全部使用要求的装备保障技术系列。它是当前以及未来较长一段时期内保障特性技术发展的指南,充分体现了保障工程技术发展的阶段性、继承性和持续性关系,目的在于"总结过去成果,支撑当前应用,引领未来发展,提高装备能力",为技术的全面、协调、可持续发展创造条件,指明方向。

（1）总结过去成果。通过研究型谱,调查分析装备保障工程技术的类别和规格,进行整理、归纳、优选,一方面可以准确地了解目前保障特性技术的研究现状,发现装备保障工程技术能力的不足,为装备保障工程技术的发展与完善提供需求牵引;另一方面,能够清楚地掌握现役装备的总体保障能力和各型号的保障特性水平,为提高现役装备的作战与保障能力提供基础。

（2）支撑当前应用。有助于大力推进装备保障工作。在装备保障工程技术型谱中将列出一系列规范化技术,这些技术可供装备在全寿命过程中使用,有利于保证装备的保障性能,提高武器装备的保障特性水平,对装备研制成功与初步形成战斗力,具有重要作用。

（3）引领未来发展。在装备保障工程技术型谱中，明确地指明了不同时期、不同阶段技术发展的重点与关键点，这可为未来装备保障工程技术的可持续发展起到引领作用，不仅指导某一类装备保障工程技术的可持续发展，而且能对未来整个装备保障工程技术领域的可持续发展提供有力支持。

（4）提高装备能力。装备保障工程技术型谱全面地反映了装备全寿命过程当前以及未来的技术能力，可以最大限度地继承和利用现有的经验与成果，充分地降低风险、费用与周期。同时，还建立起各种可重复利用和共享的资源数据库，减少和消除低水平重复设计，从而快速形成装备的作战与保障能力。

# 1.2 型谱的研究现状

## 1.2.1 产品型谱的研究现状

### 1. 型谱与产品型谱

中国的商业市场和企业竞争已经发展到了一个新的高度，企业在新产品开发方面面临着许多新的趋势和挑战。在整个产品体系建设中，研究建立产品型谱是企业必须完成的重要任务之一。型谱是一个创新的概念，型谱是产品创新的基础。

"型谱"一词在我国航天界较早使用，最早使用的领域是运载火箭。最早出现"型谱"的正式文件是《中国的航天》白皮书，在"未来发展"一章"发展目标"中提出："建成新一代运载火箭型谱化系列"。

20世纪90年代，空间企业曾开展过航天器产品的"三化"（通用化、系列化、组合化）研究，制定了航天器"三化"实施方案，并研制出个别符合"三化"要求的产品。通用化是指使产品的物理特性的功能特性具有较强通用性，能扩大使用范围，满足多方面要求的标准化形式；系列化是指将功能相同的产品根据型式、尺寸、重量和功率等特征参数，进行选优与组合，以最少的品种和规格满足更大范围使用要求的标准化形式；组合化（模块化）是将产品按照其组成部分和结构特点，合理分解成模块，用模块的不同组合来满足多方面使用要求的标准化形式。

产品型谱是产品通用化和系列化两种标准形式的结合与发展。就一个产品而言，通用性是有限的，只能满足一定范围、一定条件下的使用要求。为了扩大某一类产品的适用范围，就必须增加该类产品的规格，构成产品系列，但产品的规格不能无限制扩展，需要经过分析、比较和选优，用最小数目的不同规格产品来满足全部使用要求。将所有这些不同规格产品汇集整理，就形成产品型谱。因此，产品型谱可定义为："以最少数目的不同规格产品为标志的、能满足较长时期及一定范围内全部使用要求的产品系列。"

建立健全并推广应用产品型谱是产品体系建设的重要组成部分，而建立产品型谱正是产品实现"三化"的第一步，型谱是指导产品"三化"的重要依据。

由产品型谱的定义可知，建立型谱的目的就是"满足较长时期和一定范围内全部使用要求的通用化产品"。一个特定规格的产品只能适用于某一特定型号或场合，不具有通用化的特点，即便有一定的通用性，通用的范围也很窄。特别是在型号研制中，分系统及设备级产品基本上只按本型号的要求设计的。建立产品型谱就是要设计一系列的产品（或称"产品系列"）来满足我国当前和未来产品不同型号的要求以及国内外市场的要求。

对于空间企业来说，产品型谱的通用性表现在 4 个"面向"：面向多型号；面向星、船、器（深空探测器）；面向当前与未来；面向国内外市场。为了实现通用化这一目的，在建立型谱之前首先要进行需求分析，调查研究当前和今后若干年（如 15～20 年内，卫星、飞船和深空探测器等对本产品在功能特性、物理特性、性能指标、环境适应性、接口和使用时间等方面的需求，作为建立型谱的依据；同时，应调研国内外同类产品的现状与发展趋势，作为参考，使编制的产品型谱最大限度地覆盖型号、用户和市场在各时间段的使用要求。

随着我军装备建设的发展和对元器件发展要求的需求牵引，在军用电子元器件方面也越来越重视产品型谱的研究和应用。型谱科研项目是军用电子元器件应用研究的一项创新性工作。实施型谱系列科研计划，能以很强的针对性反映整机对元器件的需求牵引，又以其技术性能的先进性和产品系列的完整性满足整机用户对元器件的要求。对提高武器装备性能，保障武器装备配套需求至关重要。自 2001 年型谱科研项目启动以来，国内军用电子元器件技术取得了飞速发展，对突破关键核心技术、打破国外封锁禁运、推动武器装备升级换代、实现"两成两力"作出了积极贡献。型谱系列产品目前已进入货架产品和牵引需求阶段，已有多家用户在 30 余个工程中正在试用或使用型谱系列产品。

**2. 产品型谱的建立**

建立产品型谱的指导思想应以科学发展观为指导，即全面、协调和可持续发展。

全面:产品型谱应在时间上满足较长时期内产品型号研制对该类产品各种规格的全部使用要求,即规范化产品的规格应齐全,无漏项。

协调:产品型谱所列的规范化产品的规格相互之间不重复;前后两档产品的规格,理想情况当然是无缝衔接,但这不太可能,规格变化一般总是步进的,在服从使用要求的前提下,产品规格的间隔、跨度要适当。

可持续发展:型谱不仅要包括现有的产品(成熟产品、飞行产品和工程产品),而且必须包括预研产品和根据未来发展需求有待开发的产品,以保证该类产品本身的持续发展及支持产品型号的持续发展。

产品型谱要按照建立产品型谱的指导思想,在分析比较的基础上编制。

(1) 对当前及今后一段时期内型号研制需要编制型谱的产品的使用要求(如功能、性能指标、环境条件、接口、使用时间等)进行调查研究。

(2) 对现有的产品进行清理,淘汰规格落后陈旧的产品,合并规格重复或相近的产品,去粗取精。

(3) 在调研的基础上提出一个或多个特征参数作为型谱规范化产品的规格。

(4) 确定型谱中规范化产品规格的不同档次(数量),优先选择现有的成熟产品、飞行产品和工程产品的规格;若有的现有产品的规格不满足系列化要求,可允许做适当的规范化修改、完善后,列为规范化产品。

(5) 根据使用要求,补充有待开发的规范化产品,形成完整的、覆盖全部使用要求的型谱。

(6) 提出产品型谱实物化的规划建议,包括对现有产品的规范化改进和新规格产品的开发。

在编制产品型谱的时候必须要明确区分产品化和产品型谱的不同。产品化与编制产品型谱是内涵与目的均不相同的两项任务,不可混为一谈。产品化的工作对象局限于空间企业现有的产品,目的是提高产品成熟度,打造定型产品和现货产品。编制产品型谱旨在"总结过去成果,支撑当前应用,引领未来发展",为产品的全面、协调、可持续发展创造条件,指明方向。

产品型谱绝不是将现有的不同规格的同类产品简单罗列,汇集成表格、图册或文书,而是具有一系列特定要求、经过优化的产品系列。

第一,型谱应"符合科技发展并满足可预见到的较长期及一定范围内全部使用要求"。为此,在着手编制产品型谱之前,应进行产品的需求分析,调查研究当前及未来较长时期(如"十二五""十三五"期间以至更远)内,各类在研型号、立项型号、背景型号及市场对该产品的需求;同时应调研国内外同类产品发展现状与趋势。综合型号牵引和技术推动两方面的需求,提出当前及未来产品应达到的主要指标要求,如功能特性、物理特性、环境适应性、接口、需求数量及使用时间等。

第二,型谱是"由不同规格为标志的"产品系列。产品型谱实际上是一棵由不同规格产品构成的产品树。一种产品可能有多个标志规格的主要特征参数。将产品按照其特征参数逐层分解:第一层按第一特征参数(如功能)划分;第二层按第二特征参数(如组成);第三层按第三特征参,依次往下分解直至底产品,产品树结构如图1-1所示。

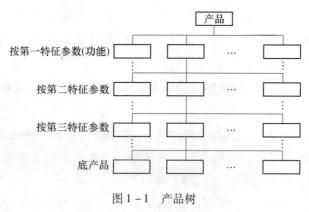

图1-1 产品树

第三,型谱必须是"由最少数目"的规范化产品组成,所以产品树形成的底产品数目必须是"最少数目"。为了控制底产品符合最少数目的原则,必须优选特征参数的取值和间隔,相邻两种规格的特征参数的跨度要适当,不宜过大,也不宜过小。过大则供选产品规格少,使用不便;过小则规格过多,失去型谱规范化的意义。

产品型谱的编制应按下列步骤进行。

(1)清理现有产品,完成对现有产品的规格(特征参数)、成熟度;需求符合度及与国内外标准对照等梳理工作,淘汰陈旧过时的产品,合并性能指标重复或相近的产品,然后将有需求的、符合产品树优化特征参数的产品列入型谱。

(2)通过需求分析,找出并确定有需求但企业是空白的某些规格产品,经优化后列入型谱,最终形成覆盖全部使用要求的、按产品的一个或多个特征参数(如功能特性、物理特性、组成或主要性能指标) 分解,从低到高排序的产品系列。这也是很重要的一步。

(3) 在型谱编制完成以后,还有若干待办事宜:为型谱中每一规范化产品编写产品说明书和使用手册,内容包括主要技术性能、物理特性、环境适应性、机电热接口、适用范围、交货周期以及价格等;同时,根据型谱提出产品未来发展规划的建议,包括现有规范化产品的升级换代、待开发产品的关键技术攻关方案等,使产品型谱真正发挥其"总结过去,支撑当前,引领未来"的作用。

**3. 产品型谱的应用**

经过优选列入型谱中的底产品称为"规范化"产品。规范化产品应尽可能采用模块化方式构成,以提高产品的研制生产效率、产品质量与可靠性,降低产生成本,避免新规格的产品不必要的从头研究开发。例如,某类产品可以将其分解成基本模块、电源模块、接口模块、功能Ⅰ模块和功能Ⅱ模块。除基本模块不变外,其余 4 类模块假定各设计成 2 种(或 3 种) 不同规格的供选模块,则该类产品只需研制 5 类 9 种(或 13 种) 模块。利用这 9 种(或 13 种)模块,最多可以组成 32 种(或 135 种) 不同规格的产品,从中选择满足系列化要求的产品作为规范化产品,从而可以大大减少研制新产品的工作量。

产品型谱中列出的规范化产品具有较高的成熟度;同时,规范化产品是基本型,具有一定的修改适应性,因而有较强的通用性。型谱中列出规范化产品供产品研制采用,有利于保证产品的性能、可靠性,缩短研制周期,降低研制成本。产品型谱给出了企业拥有的或即将开发的某一类产品系列的全貌,包括该类产品各种成熟度的规范化产品。凡产品型号研制需要的某一类产品均可从该产品型谱中选取。

产品型谱全面反映了企业对该类产品的生产与开发能力,便于客户了解,提高市场竞争力。产品型谱不仅提供现有的规范化产品,而且具有预见性,给出未来产品型号发展所需的规范化产品,能满足较长时期内某一类或多类产品型号研制的需要。所以,产品型谱不仅能指导企业该类产品的持续发展,并能对产品型号的可持续发展提供有力支持。

较为典型的产品型谱的运用是在军用电子元器件方面,我国各军工集团物资主管部门、院级物资部门、各整机单位均编制《军用电子元器件合格供应商优选目录》及《合格产品优选目录》，同时各工程型号总师部门编制各工程型号的《军用电子元器件合格产品优选目录》。各军工集团、院级《军用电子元器件合格供应商优选目录》及《合格产品优选目录》由集团、院级物资部门编制，厂（所）级单位《军用电子元器件合格供应商优选目录》及《合格产品优选目录》的编制基本上都由质量（标准）部门牵头制定和发布，其他相关部门（技术部门、物资采购部门、审计部门、财务部门、军方）共同参与。进入各级单位或工程型号总师部门编制的《军用电子元器件合格产品优选目录》是型谱系列产品推广应用成功的标志。

**4. 产品型谱管理技术**

产品型谱管理（Product Portfolio Management，PPM）就是使用各种规划和分析决策技术，对多个提案、项目或大型项目进行集约化管理、分析、监控和决策，其中包括优化和平衡投资组合、统一监控提案、项目或大型项目的执行、基于业务目标对项目组合进行优化等工作，其目的是为了达到预期的商业战略目标。其中，项目管理和大型项目管理是实现产品型谱管理的基础，产品型谱管理则将项目和大型项目的管理上升到实现企业发展战略目标的高度，使企业能够用经营业务的方式来管理项目和大型项目。但如何能够帮助企业快速建立起产品型谱管理过程、打造产品型谱管理平台，则是摆在人们面前必须解决也非常值得研究的一个课题。

产品型谱管理的概念来源于金融领域，哈里·马科维茨（Harry Markowitz）于1952年创立了现代资产组合理论（Modern Portfolio Theory），这个理论的核心是解释组合投资的机制与效应，指出分散投资对象能一定程度的规避风险，这一理论迅速成为当时经济学的主导趋势。"不要将所有的鸡蛋放在一个篮子里"正是这一思想的现实表现。1981年，沃伦·麦克法兰（F. Warren Mcfarlan）教授首次将这一理论运用到IT项目的选择和管理中，通过项目组合的运作方式实现了风险一定情况下的收益最大化。到1990年，通过10年发展PPM的概念已在IT业中得到了广泛运用。21世纪初，罗伯特·库伯（Robert G. Cooper）在他的《新产品型谱管理》（Portfolio Management for New Products）中系统讨论了如何进行长期有价值投资与财务组合管理以及为此所进行的现场实际测试和详细步骤，使得产品型谱管理跨出了金融和IT的局限，在各行业中广泛应用。产品型谱管理的盛行正切合了企业发展的趋势，当企业发展到一定规模的时候,项目机会和项目运作的压力越来越大,如何证明花在项目上的每块钱都能带来回报,而且符合战略的要求? 多项目管理中,如何协调高层管理人员共同确定项目优先级,并明确在哪些项目上投资能达到投资回报最大? 这样一些问题的出现更是促进了产品型谱管理的发展。

产品型谱管理是一个让产品项目不断更替的动态决策过程,过程中的项目永远处于被评估、选择和排序中,项目可能被提升、取消或者降级;资源被一次次地重新分配;伴随这个动态决策过程的往往是不确定和变化的信息、动态的机会、多重的战略目标、互相关联的项目以及多个决策者等。产品型谱管理过程包含的是一系列的业务决策流程,如周期性的进行项目评估、进行通过/不通过决策、新产品战略的评估以及执行战略资源的分配。

目前企业的产品型谱管理比较空泛,最多只是基于产品数据管理的文档化,深入分析综合了国内企业的相关管理流程后,这里提出的产品型谱管理的五大阶段,主要可分为范围规划、构建商务场景、型谱开发、型谱检验与确认、型谱执行五大阶段,如表 1－1 所列。

表 1－1 型谱管理五大阶段

| 型谱管理(Portfolio Management)三大目标:型谱价值最大化;达到型谱的平衡;企业战略与型谱项目平衡 | | | | |
|---|---|---|---|---|
| 五大阶段 | 范围规划 | 构建商务场景 | 型谱开发 | 型谱检验与确认 | 型谱执行 |
| 简介 | 简介项目和市场前景技术价值的快速和简单的评估 | 这是核心阶段,在此执行或者中断项目。技术市场和企业可行性定位于以下三个主要组成部分:产品和项目定义、项目合理性和项目计划 | 前一阶段转化成具体的行为时,项目发展活动产生,即绘制制造操作计划、开发市场投产和执行计划、定义下一阶段的检测计划 | 本阶段目的是确认整个项目生命周期:产品本身、生产过程、客户接受度和项目经济 | 产品的商品化——全产品和商业化投产的开端 |

同时,表 1－1 还总结了型谱管理的三大目标:型谱价值最大化、达到型谱的平衡、企业战略与型谱项目平衡,这三点就是评判型谱管理的最终目标,在后面的型谱评估数学模型与优化算法中将具体阐述。

如表 1－1 所述,型谱管理共有五大顺序阶梯式阶段。范围规划是对项目和市场前景的快速评估,用于确定大致范围;构建商务场景是初步执行或者中断项目的第一个重要阶段;型谱开发是将抽象的项目具体化的过程;型谱检验与确认用于确认整个项目生命周期中是否存在决策性和方向性的错误;型谱执行是产品商业化投产的开端。

目前型谱管理流程有 2 个不同的趋势。门径主导型(The Gate Dominate):一般多用于有明晰的门径管理流程的公司(图 1-2);型谱评估主导型(The Portfolio Reviews Dominate):动态变化的,更适合于如软件、IT、电子公司等快节奏的公司。

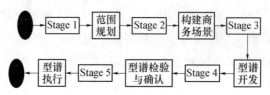

图 1-2　门径管理流程图

这两种流程管理方法各有其不可替代的优点和无法避免的缺点,而且在相当大的程度上,它们的优缺点正好相反(表 1-2),所以可以探讨把这两种方法结合起来,就能充分利用它们的优点,避开两者的缺点,如下便引出了下面的混合式型谱管理流程。

表 1-2　两种管理方法的优缺点分析

| 优缺点 | 门径管理 | 型谱评估 |
|---|---|---|
| 优点 | 考虑对象明确,标准规范程序化执行 go /kill 决策,不受主观形象评判标准固定后,对决策者的要求不高 | 可以把握企业全局对所有项目进行优先级别排序动态变化的,灵活性大 |
| 缺点 | 无法对企业进行全局的把握完全程序化也有可能忽视了企业的实际情况可能出现通过太多项目提案或者全取消项目的尴尬 | 对决策者要求比较高考虑问题太复杂,无法客观地给出结果对单个项目的评判不够准确 |

型谱管理是全局整体上的考虑,不仅关乎项目选择,更主要的是对所有项目优先级别的排序,但是因为考虑的问题太多,对决策者来说是更大的挑战,可以在这里引入多目标非线性优化的成熟软件,或许可能有效果。而门径流程管理是针对单个项目,对象比较明确,一般在做 go /kill 决策,即项目选择决策的

时候更适用,但不可避免地也会出现因指标不同而选择结果不同的情况,要综合考虑所有因素,在每个 Stage 的最后,用上型谱管理的思想,可以帮助决策者。

面对这样的问题,可以采用混合式型谱管理流程的思想。总体框架中,每个阶段的最终结果都是通过型谱管理的思想得出的,而同时可在每个阶段发生前设定一组触发输入值,起到类似于门径的作用,从而可以同时结合这两种评估方法的优点。

一般来讲,产品型谱评估的三大目标如下:

(1)型谱价值最大化(包括收益率、战略、可接受的风险等)。合理分配资源,最大化组合价值。按照企业预定的目标最大化商业价值(例如,长期收益,投资回报、可接受的风险以及其他的战略目标)。所谓价值最大化,对企业来说还是利润的最大化。

(2)达到型谱的平衡。所谓型谱平衡是一组根据关键参数达到平衡的企业发展中的项目。其基本原则是开发平衡的项目组合,即在不同的项目之间取得预期的平衡。例如,长期项目与短期项目,高风险项目与低风险项目,不同的市场、技术、产品以及项目类型(新产品、优化、降成本、维护以及基础研究等)。

(3)企业战略与型谱项目平衡。不管企业存在着何种考虑,最终的项目组合反映的肯定是企业战略—所有的项目必须遵循既有的企业战略。

由于产品型谱管理的三大目标相对比较模糊,对于不确定性因素太多的产品型谱管理又引入了模糊优选模型。把所有产品按照产品线数目、产品品目数目、产品线中每一产品品目的品种数目这三种尺度来计划、组织和控制整个管理过程。

当然,企业产品型谱管理流程的建立、推广和执行是一项长期而艰巨的任务,它必须通过对企业型谱管理过程的持续改进来实现。在实践过程中,企业的项目管理过程改进必将经历以下三个主要阶段[13]。

第一阶段:建立规范的、可执行的项目管理方法,用来指导项目管理团队进行项目管理活动。

第二阶段:构建统一的项目管理平台,为项目团队的具体管理过程提供支撑。

第三阶段:建立起多项目的监控、管理、人力资源平衡以及多项目间的依赖关系处理等能力,保证企业管理者能够根据业务发展要求,在多项目间进行很好的投资组合分析。

## 1.2.2 装备保障工程技术型谱的研究现状

装备保障工程技术型谱的相关研究目前还没有在国外公开发表的文献上见到。国内相关的研究工作始于 2010 年前后,为了规划可靠性维修性保障性等相关保障特性工程技术发展,北京航空航天大学、军械工程学院、中国航空综合技术研究所、西北工业大学等单位分别从各自单位的优势出发,以产品型谱的制定的主要思想为指导,分别提出了相关的保障特性技术型谱。

**1. 可靠性技术型谱**

北京航空航天大学在广泛研究常见的各类型可靠性技术的基础上,以系统科学思想为指导,通过提炼、总结各类可靠性技术中的共性技术,凝练形成了以基础理论、基础技术和应用技术为技术载体,以基于概率统计、基于故障物理、基于模糊数学、基于复杂性理论、基于不确定理论为技术分类的可靠性技术型谱框架,如图 1 - 3 所示 。

| 技术类型 \ 技术型谱 | 基础理论 | | | | | | 基础技术 | | | | | 应用技术 | | | | | |
|---|---|---|---|---|---|---|---|---|---|---|---|---|---|---|---|---|---|
| | 概率论与数理统计 | 可靠性物理学 | 模糊数学 | 工程事理学 | 工程故障学 | 不确定理论 | 可靠性度量 | 可靠性模型 | 参数估计 | 假设检验 | 回归分析 | 可靠性设计技术 | 可靠性分析技术 | 可靠性试验技术 | 可靠性评估技术 | 可靠性系统工程 | 可靠性维修性保障性综合集成环境 |
| 基于概率统计的可靠性技术 | ★ | | | | | | ★ | ★ | ★ | ★ | ★ | ★ | ★ | ★ | ★ | ★ | ★ |
| 基于故障物理的可靠性技术 | ○ | ★ | | | | | ★ | ☆ | ☆ | ☆ | ☆ | ★ | ☆ | ☆ | ☆ | | ☆ |
| 基于模糊数学的可靠性技术 | | | ★ | | | | ★ | ★ | ☆ | ○ | ○ | ☆ | ★ | ☆ | ☆ | | ○ |
| 基于复杂性理论的可靠性技术 | | | | ○ | ○ | | ☆ | ☆ | ○ | ○ | ○ | ○ | ○ | ○ | ○ | ○ | ○ |
| 基于不确定理论的可靠性技术 | | | | | | ☆ | ☆ | ☆ | ○ | ○ | ○ | ○ | ○ | ○ | ○ | ○ | ○ |

注:★表示技术成熟,应用广泛;○表示需要进一步研究;☆表示尚在发展中

图 1 - 3 可靠性技术型谱框架

在可靠性技术型谱框架的指导下,完成了基于概率统计的(图 1 - 4)、基于故障物理的(图 1 - 5)、基于模糊的(图 1 - 6)、基于复杂性理论的(图 1 - 7)和基于不确定理论的(图 1 - 8)等可靠性技术型谱的编制工作。

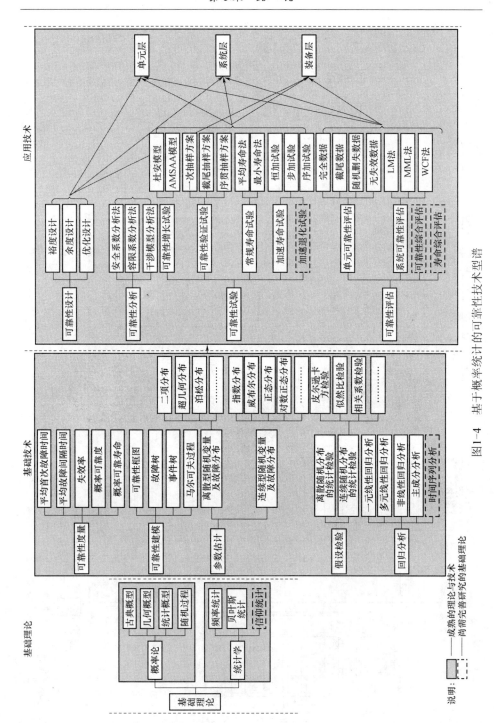

图 1-4 基于概率统计的可靠性技术型谱

.最終.

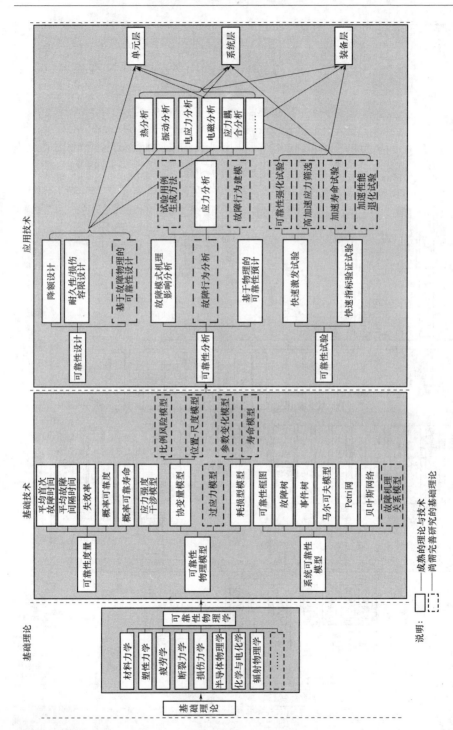

图1-5　基于故障物理的可靠性技术型谱

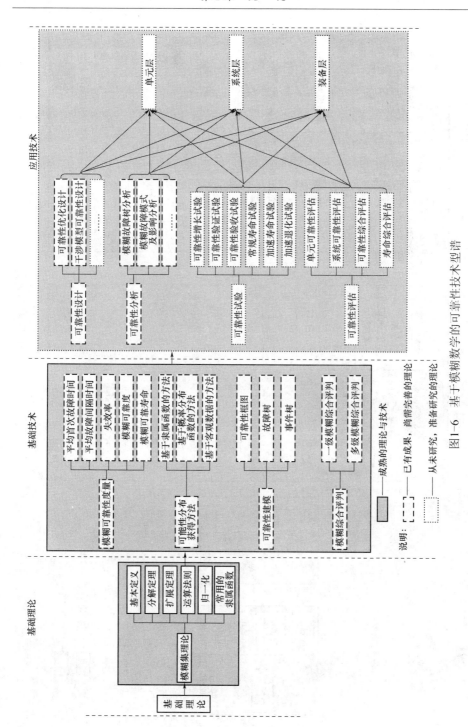

图 1-6 基于模糊数学的可靠性技术全谱

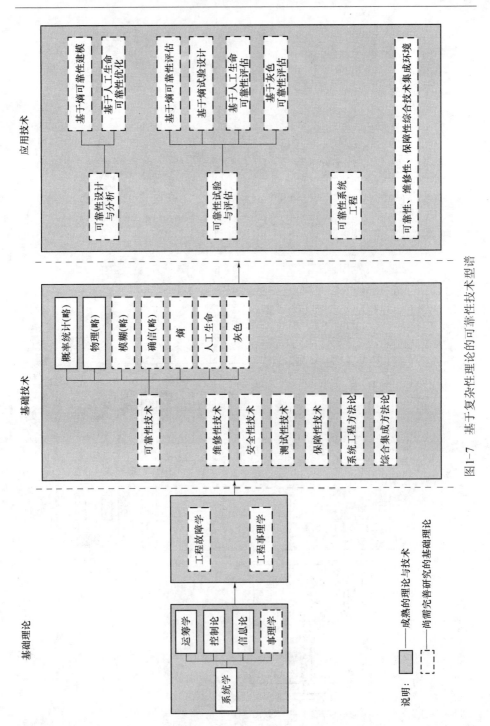

图1-7 基于复杂性理论的可靠性技术型谱

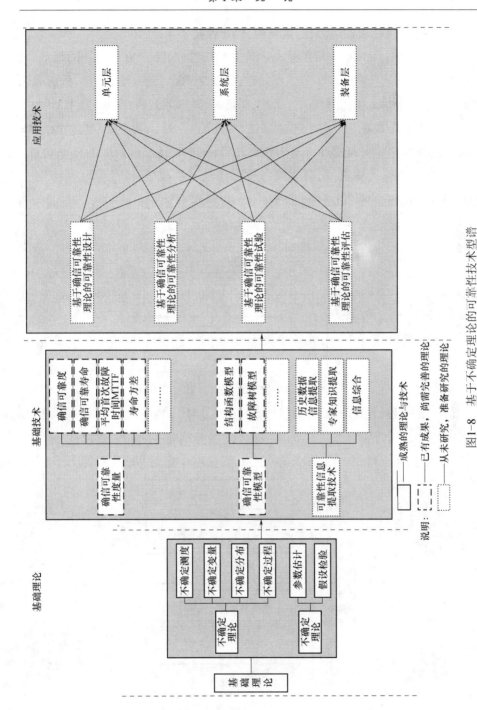

图1-8 基于不确定理论的可靠性技术型谱

**2. 基于故障物理的可靠性、维修性、保障性技术型谱**

中国航空综合技术研究所在深入分析故障物理的内涵、方法及应用的基础上，论证提出了基于故障物理的可靠性、维修性、保障性(RMS)技术型谱框架,分别从基础理论、基础技术和应用技术等几个方面,明确了型谱技术规格,给出了技术型谱。

（1）基于故障物理的 RMS 基础理论型谱（图 1 - 9）。基于故障物理的 RMS 基础理论型谱应继承和发展了基于概率统计的 RMS 基础理论中的概率论、运筹学、逻辑学等理论知识,同时要进一步关注故障物理学、广义应力损伤理论等,强调产品故障的深层次描述理解。

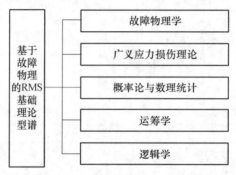

图 1 - 9　基于故障物理的 RMS 基础理论型谱

（2）基于故障物理的 PMS 基础技术型谱（图 1 - 10 ~ 图 1 - 12）在认识故障物理的 RMS 基本理论的基础上,进一步运用这些理论,分别围绕可靠性、维修性、保障性三个方面分析并梳理出一系列相关的共性技术,构建 RMS 的基础技术型谱。

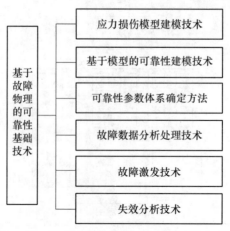

图 1 - 10　基于故障物理的可靠性基础技术型谱

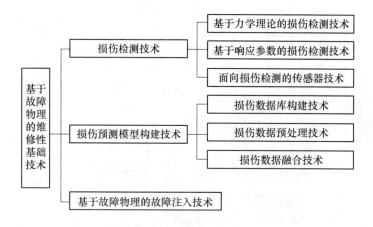

图 1 - 11 基于故障物理的维修性基础技术型谱

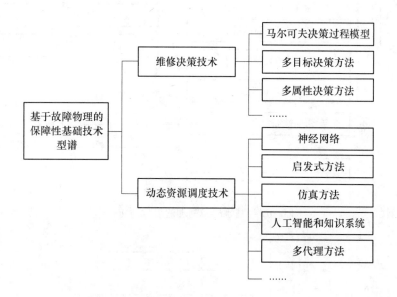

图 1 - 12 基于故障物理的维修性基础技术型谱

（3）基于故障物理的 RMS 应用技术型谱（图 1 - 13 ~ 图 1 - 16）。基于故障物理的 RMS 应用技术型谱的研究主要以"故障"为主线，站在武器装备的角度，围绕"故障预防""故障预测""故障诊断"与"故障修复"四个方面进行构建。

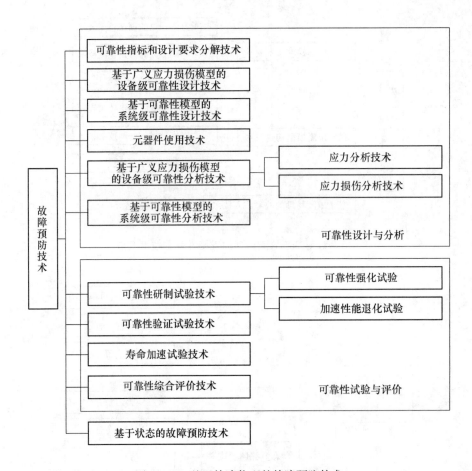

图 1 – 13　基于故障物理的故障预防技术

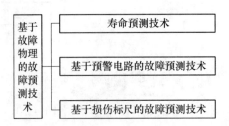

图 1 – 14　基于故障物理的故障预测技术

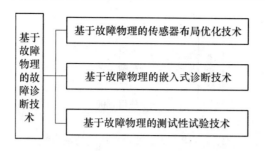

图 1 - 15　基于故障物理的故障诊断技术

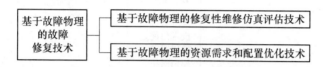

图 1 - 16　基于故障物理的故障修复技术

### 3. 维修性、保障性技术规格与技术型谱

（1）RMS 技术规格的构建方法。军械工程学院提出了 RMS 技术型谱及其规格的构建方法,明确了从技术产生的目的、技术形成的过程和技术应用的效果等三方面研究技术规格的方法,建立了描述技术规格的特征参数以及有关技术其他属性信息的技术说明卡(图 1 - 17 ~ 图 1 - 19)。

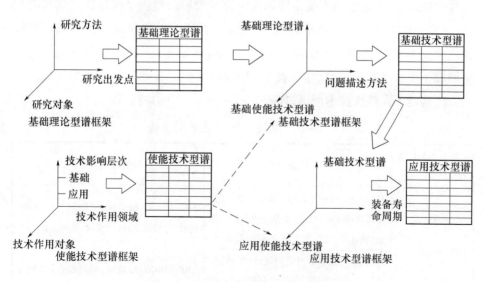

图 1 - 17　RMS 技术型谱的相互逻辑关系

图 1 – 18　构成技术规格的特征参数

图 1 – 19　技术说明卡的规范信息

（2）维修性保障性技术型谱。维修性基础理论技术规格从功能、性能、功能与性能结合，确定性与不确定性以及研究对象层次形成了维修性基础理论型谱；维修性使能技术按基础使能、应用使能以及研究对象层次区分形成了维修性使能技术型谱；维修性基础技术则以基础理论型谱和基础使能技术型谱为规格形成了维修性基础技术型谱（表 1 – 3 ～ 表 1 – 6）。按照维修性技术型谱同样的方式构建了保障性技术型谱，如表 1 – 7 ～ 表 1 – 10 所列。

表 1 – 3　维修性使能技术型谱表

| 对象层次 ＼ 影响层次 | 基础使能技术 | 应用使能技术 |
|---|---|---|
| 装备体系 | 并行工程；概率论与数理统计；矩阵论；随机过程理论；图论；系统分析；相似理论；贝叶斯理论；灰色理论；模糊数学 | AHP；LINGO；故障树；模糊综合评判法；神经网络；图论；线性规划；相似方法 |
| 装备作战单元 | 并行工程；概率论与数理统计；矩阵论；随机过程理论；图论；系统分析；相似理论；贝叶斯理论；灰色理论；模糊数学 | AHP；LINGO；故障树；模糊综合评判法；神经网络；图论；线性规划；相似方法 |

（续）

| 影响层次<br>对象层次 | 基础使能技术 | 应用使能技术 |
|---|---|---|
| 装备基本<br>作战单元 | 并行工程;概率论与数理统计;矩阵论;随机过程理论;图论;系统分析;相似理论;贝叶斯理论;灰色理论;模糊数学 | AHP;LINGO;故障树;模糊综合评判法;神经网络;图论;线性规划;相似方法 |
| 装备 | 并行工程;概率论与数理统计;矩阵论;人机工程;随机过程理论;图论;系统分析;相似理论;贝叶斯理论;灰色理论;模糊数学 | AHP;LINGO;故障树;模糊综合评判法;神经网络;图论;线性规划;相似方法;多属性决策理论;Tabu 搜索算法;FMEA 技术;VR;拉格朗日乘数法;遗传算法;蚁群算法;支持向量机 |
| 系统 | 并行工程;概率论与数理统计;矩阵论;人机工程;随机过程理论;图论;系统分析;相似理论;贝叶斯理论;灰色理论;模糊数学 | AHP;LINGO;故障树;模糊综合评判法;神经网络;图论;线性规划;相似方法;多属性决策理论;Tabu 搜索算法;FMEA 技术;VR;拉格朗日乘数法;遗传算法;蚁群算法;支持向量机 |
| 零件/元器件 | | |

表 1-4 维修性基础理论型谱表

| 研究问题<br>研究途径<br>对象层次 | 确定性 | | | 不确定性 | | |
|---|---|---|---|---|---|---|
| | 功能 | 性能 | 功能与性能结合 | 功能 | 性能 | 功能与性能结合 |
| 装备体系 | | M 的基础定义 | | | | |
| 装备作战单元 | | M 的基础定义 | | | | |
| 装备基本作战单元 | | M 的基础定义 | | | | |
| 装备 | 产品结构维修约束关系;产品维修功能流程关系（维修职能框图）;产品维修性功能层次关系（功能层次框图） | M 的基础定义 | 产品维修过程资源关系（人—对象—工具—环境） | | | |
| 系统 | 产品结构维修约束关系;产品维修功能流程关系（维修职能框图）;产品维修性功能层次关系（功能层次框图） | M 的基础定义 | 产品维修过程资源关系（人—对象—工具—环境） | | | |
| 零件/元器件 | | M 的基础定义 | | | | |

## 表 1-5 维修性基础技术型谱表

| 基础理论 对象层次 | 产品维修功能流程关系（维修职能框图） 图论 定性 | 概率论与数理统计 结合 | 定量 | 产品维修性功能层次关系（功能层次框图） 概率论与数理统计 结合 | 定量 | 随机过程理论 结合 | 定量 | 相似理论 结合 | 人机工程 定量 | 产品维修拆卸结构构型相关系图 矩阵论 结合 | 系统论 结合 | 产品维修过程资源关系（人-对象-工具-环境） 并行工程 结合 | 随机过程理论 结合 |
|---|---|---|---|---|---|---|---|---|---|---|---|---|---|
| 装备体系 | 1. 基于概率论的M函数定义及工程估算公式<br>2. 基于统计分布的维修时间数学定义及工程统计分布 | | | | | | | | | | | | |
| 作战单元 | 1. 基于概率论的M函数定义及工程估算公式<br>2. 基于统计分布的维修时间数学定义及工程统计分布<br>3. 基于概率的系统维修时间建模方法 | | | | | 21. 基于Q-gert随机网络的维修性建模方法<br>22. 基于着色随机Petri网的维修性建模方法<br>23. 基于多层次PERT-Petri网模型的修复时间复杂性建模方法<br>24. 基于CPN的系统维修性建模方法 | | | | | | | |

（续）

| 基础理论 | 维修性的基础定义 | 产品维修功能流程关系（维修职能框图） | 产品维修性功能层次关系（功能层次框图） | 产品维修拆卸结构逻辑关系图 | 产品维修过程资源关系（人-对象-工具-环境） |
|---|---|---|---|---|---|
| 基本单元 | 1. 基于概率论的 M 函数定义及工程估算公式<br>2. 基于统计分布的维修时间数学定义及工程统计分布 | 3. 基于概率的系统维修时间建模方法 | 21. 基于 Q-gert 随机网络的维修性建模方法<br>22. 基于着色随机网的维修性建模方法<br>23. 基于多层次 PERT-Petri 网模型的修复性维修时间建模方法<br>24. 基于 CPN 的系统维修性建模方法 | | 27. 基于 Petri 网仿真的聚合级装备作战单元机动防空任务维修性建模方法 |
| 装备 | 1. 基于概率论的 M 函数定义及工程估算公式<br>2. 基于统计分布的维修时间数学定义及工程统计分布 | 29. 基于甘特图与网络图的维修流程建模方法<br>3. 基于概率的系统维修时间建模方法<br>4. 基于串行维修作业时间的维修时间建模方法<br>5. 基于并行维修作业的维修时间建模方法<br>6. 基于网络维修作业时间的维修时间计算方法<br>7. 基于实例的回归折算分析<br>8. 基于实例的 BP 神经网络维修时间建模方法<br>9. 基于支持向量机回归的维修时间建模方法<br>12. 系统维修工时的计算方法<br>13. 维修性设计费用的计算方法<br>14. 维修保障费用计算方法<br>15. 备件建模费用建模方法 | 11. 基于随机过程的系统维修和维修时间的数学定义<br>16. 基于串联系统的恢复功能用的任务时间建模方法<br>17. 基于并联系统恢复功能用的任务时间建模方法<br>18. 基于串并混联系统恢复功能用的任务时间建模方法<br>19. 基于带表失单元表系统的混合维修时间建模方法<br>20. 基于故障树的维修性模型建模方法<br>25. 基于多元线性回归的虚拟维修时间建模方法<br>21. 基于 Q-gert 随机网络的维修性建模方法<br>22. 基于着色随机网的维修性建模方法<br>23. 基于多层次 PERT-Petri 网模型的修复性维修时间建模方法<br>24. 基于 CPN 的系统维修性建模方法<br>26. 基于 VR 相似性分析的产品虚拟维修时间建模方法<br>28. 基于 VR 相似性分析的产品拆卸维修虚拟仿真时间建模方法 | 30. 基于矩阵的产品拆卸时序列建模方法<br>31. 维修多视图性建模信息方法<br>33. 虚拟维修信息建模方法 | 27. 基于 Petri 网仿真的聚合级装备作战单元机动防空任务维修性建模方法<br>32. 支持并行设计的维修性信息建模方法 |

（续）

| 基础理论 | 维修性的基础定义 | 产品维修功能流程关系（维修职能框图） | 产品维修性功能层次关系（功能层次框图）<br>产品维修性功能层次关系（功能层次框图） | 产品维修拆卸结构构逻辑关系图 | 产品维修过程资源关系（人-对象-工具-环境） |
|---|---|---|---|---|---|
| 系统 | 1. 基于概率论的 M 函数定义及工程估算公式<br>2. 基于统计分布的维修时间数学定义及工程统计分布 | 29. 基于甘特图与网络图的维修保障流程建模方法<br>12. 系统维修工时的计算方法<br>13. 维修性设计与网络图建模方法<br>14. 维修费用计算建模方法<br>15. 备件费用建模方法 | 3. 基于概率的系统维修时间建模方法<br>4. 基于串行维修作业的时间计算方法<br>5. 基于并行维修作业的维修时间折建模方法<br>6. 基于网络的维修作业时间建模方法<br>7. 基于实例的回归分析维修时间折建模方法<br>8. 基于实例的 BP 神经网络维修时间建模方法<br>9. 备件费用的维修量归算方法<br>11. 基于随机过程的系统维修度和维修时间数学定义<br>16. 基于串联系统的恢复功能用的任务时间建模方法<br>17. 基于并联系统的恢复时间建模方法<br>18. 基于串并混联系统恢复功能用的任务时间建模方法<br>19. 基于带表决单元系统恢复功能用的任务时间建模方法<br>20. 基于故障树模型的维修性时间建模方法<br>21. 基于随机过程的随机网络 Petri 的系统维修方法<br>22. 基于着色随机 Petri 网的维修性建模方法<br>23. 基于 Petri 网模型的修复性维修时间建模方法<br>24. 基于 CPN 的系统维修性建模方法<br>25. 基于多元线性回归的混拟维修时间建模方法<br>26. 基于 Q-gert 随机网络的系统方法<br>28. 基于 VR 相似性分析的折拆卸维修的虚拟维修仿真时间建模方法 | 30. 基于矩阵的产品拆卸修复序列的虚拟维修仿真时间建模方法<br>31. 维修性多视图信息建模方法<br>33. 虚拟维修信息建模方法 | 32. 支持并行设计的产品维修性信息建模方法 |
| 零件 | 1. 基于概率论的 M 函数定义及工程估算公式<br>2. 基于统计分布的维修时间数学定义及工程统计分布 | | | | |

表 1－6　维修性应用技术型谱表

| 寿命周期 | 基础技术对象层次 | 相似理论 | 系统论 | 神经网络 | 概率论与数理统计 1.基于概率论的M函数定义及工程估算公式 | 多属性决策 | 贝叶斯理论 | 德尔菲尔 | DS证据理论 |
|---|---|---|---|---|---|---|---|---|---|
| 论证 | 装备作战单元 | | 7.维修性定量参数的选择依据 | | | | | | |
| | 基本作战单元 | | 7.维修性定量参数的选择依据 | | | | | | |
| | 装备 | | 7.维修性定量参数的选择依据 8.维修性定量指标的确定依据 | | 11.基于回归模型的使用型指标与合同指标的转换方法 | | | 12.基于专家打分法的使用指标与合同指标的转换方法 | |
| | 装备 | | | 55.基于人工神经网络的维修性设计参数灵敏度分析 | 109.基于经验数据的维修性函数（维修度与修复功能函数）分布的确定方法 38.运行功能预计法（GJB/Z57－94中的预计方法） 39.时间累计预计法　35.概率模拟预计法 36.功能层次预计法 37.抽样评分预计法 40.单元对比预计法 54.平均修复时间估计方法 | | 80.基于Bayes Bootstrap方法（随机加权法）的维修时间评估方法 81.基于Bayes Bootstrap方法（自助法）的维修时间评估方法 82.基于改进自助法的维修时间评估方法 83.基于Bayes理论的修复率估计方法 | | |
| 设计 分析 | 系统 设备 | | | 55.基于人工神经网络的维修性设计参数灵敏度分析 | 38.运行功能预计法（GJB/Z57－94中的预计方法） 39.时间累计预计法　35.概率模拟预计法 36.功能层次预计法 37.抽样评分预计法 40.单元对比预计法 54.平均修复时间估计方法 | | 80.基于Bayes Bootstrap方法（随机加权法）的维修时间评估方法 81.基于Bayes Bootstrap方法（自助法）的维修时间评估方法 82.基于改进自助法的维修时间评估方法 83.基于Bayes理论的修复率估计方法 | | |

（续）

| 基础技术型谱 | | 1. 基于概率论的 M 函数定义及工程估算公式 | | | | |
|---|---|---|---|---|---|---|
| 试验验证 | 装备 | 101. 基于相似学原理和复杂装备结构模块（各分系统 MTTR 曲线相似程度）分组的改进的维修性验证方法（传统方法的改进） | 89. 维修时间平均值的试验评定方法<br>85. 维修度率验证模型<br>86. 修复率验证标准<br>87. 平均修复时间验证标准<br>106. 平均修复时间（维修时间）从对数正态分布（对数正态相似）模糊假设的条件下的检验方法<br>107. 模糊假设的检验方法（对数正态分布模糊假设检验的改进） | 102. 基于验后似然比方法的平均修复时间时间的验证方法<br>103. 基于验后似然比的验证方法<br>62. 维修性增长趋势检验的图示法和 Laplace 方法（针对即时改进方式）<br>63. 指数分布和正态分布的维修性增长检验的区间估计法（针对约束阶段延缓改进方式） | 104. 基于序贯验后加权检验（SPOT）方法及截尾 SPOT 方法的维修时间验证方法<br>105. 基于模糊 Bootstrap 和 Bayes 联合方法的维修时间评估方法<br>61. 维修性增长的 Bayes 方法<br>64. 维修性增长的顺序约束阶段增长模型（针对延缓改进方式） | 7. 基于 D-S 证据融合的维修性综合评判方法 |
| | 系统设备 | 101. 基于相似学原理和复杂装备结构模块（各分系统 MTTR 曲线相似程度）分组的改进的维修性验证方法（传统方法的改进） | 89. 维修时间平均值的试验评定方法<br>85. 维修度率验证模型<br>86. 修复率验证标准<br>87. 平均修复时间验证标准<br>106. 平均修复时间（维修时间）从对数正态分布（对数正态相似）模糊假设的条件下的检验方法<br>107. 模糊假设的检验方法（对数正态分布模糊假设检验的改进） | 102. 基于验后似然比方法的平均修复时间时间的验证方法<br>103. 基于验后似然比的验证方法<br>62. 维修性增长趋势检验的图示法和 Laplace 方法（针对即时改进方式）<br>63. 指数分布和正态分布的维修性增长检验的区间估计法（针对约束阶段延缓改进方式） | 104. 基于序贯验后加权检验（SPOT）方法及截尾 SPOT 方法的维修时间验证方法<br>105. 基于模糊 Bootstrap 和 Bayes 联合方法的维修时间评估方法<br>61. 维修性增长的 Bayes 方法<br>64. 维修性增长的顺序约束阶段增长模型（针对延缓改进方式） | |
| | 装备作战单元 | | | | | |
| | 基本作战单元 | | | | | |
| 运用保障 | 装备 | | 79. 基于经验数据和折表法的平均修复时间评价方法<br>90. 规定维修度评价方法<br>91. 规定时间的维修度<br>92. 装备维修时间中值<br>108. 使用中维修数据的处理方法 | 93. 每次运行应计入的维修工时时间<br>94. 每飞行小时的维修公式时间<br>95. 地面分系统公式率<br>96. 均值与最大修复时间的组合<br>97. 维修时间平均值和最大复修时间<br>98. 最大维修时间中值<br>99. 预防性维修时间<br>100. 维修数据收集、处理与参数计算方法 | 75. 基于模糊多属性的维修策略的维修性综合评价 | |

表 1-7 保障性使能技术型谱表

| 对象层次 ＼ 影响层次 | 基 础 | 应 用 |
|---|---|---|
| 装备体系 | | |
| 装备作战单元 | Rough 集理论;灰色理论;熵权理论;矩阵理论;相似理论;最小二乘原理;计算机技术;概率论和数理统计;模糊数学;集合论;博弈理论;约束理论;更新过程理论 | BP 神经网络方法;AHP 法;TOPSIS 法;IDEF3 方法;多目标规划;最小二乘支持向量机(LS - SVM);信息融合技术;专家打分法;Petri 网技术;Delphi 法;DH-GF 算法;遗传算法(GA);健康管理(PHM) |
| 装备基本作战单元 | Rough 集理论;灰色理论;熵权理论;矩阵理论;相似理论;最小二乘原理;计算机技术;概率论和数理统计;模糊数学;集合论;博弈理论;约束理论;更新过程理论 | BP 神经网络方法;AHP 法;TOPSIS 法;IDEF3 方法;多目标规划;最小二乘支持向量机(LS - SVM);信息融合技术;专家打分法;Petri 网技术;Delphi 法;DH-GF 算法;遗传算法(GA);健康管理(PHM) |
| 装备 | Rough 集理论;灰色理论;熵权理论;矩阵理论;相似理论;最小二乘原理;计算机技术;概率论和数理统计;模糊数学;集合论;博弈理论;约束理论;更新过程理论 | BP 神经网络方法;AHP 法;TOPSIS 法;IDEF3 方法;多目标规划;最小二乘支持向量机(LS - SVM);信息融合技术;专家打分法;Petri 网技术;Delphi 法;DH-GF 算法;遗传算法(GA);健康管理(PHM) |
| 系统 | Rough 集理论;灰色理论;熵权理论;矩阵理论;相似理论;最小二乘原理;计算机技术;概率论和数理统计;模糊数学;集合论;博弈理论;约束理论;更新过程理论 | BP 神经网络方法;AHP 法;TOPSIS 法;IDEF3 方法;多目标规划;最小二乘支持向量机(LS - SVM);信息融合技术;专家打分法;Petri 网技术;Delphi 法;DH-GF 算法;遗传算法(GA);健康管理(PHM) |
| 零件/元器件 | | |

表1-8 保障性基础理论型谱表

| 研究问题 | 确定性 | | | 不确定性 | | | 确定性与不确定性结合 | | |
|---|---|---|---|---|---|---|---|---|---|
| 研究途径<br>对象层次 | 功能 | 性能 | 功能与性能结合 | 功能 | 性能 | 功能与性能结合 | 功能 | 性能 | 功能与性能结合 |
| 装备体系 | | | | | | | | | |
| 装备作战单元 | | 保障性的概念体系;保障性定性要求体系;保障性定量参数体系 | | | | | | | |
| 装备基本作战单元 | | 保障性的概念体系;保障性定性要求体系;保障性定量参数体系 | | | | | | | |
| 装备 | | 保障性的概念体系;保障性定性要求体系;保障性定量参数体系 | | | | | | | |
| 系统 | | 保障性的概念体系;保障性定性要求体系;保障性定量参数体系 | | | | | | | |
| 零件/元器件 | | 保障性的概念体系;保障性定性要求体系;保障性定量参数体系 | | | | | | | |

## 表 1－9　保障性基础技术型谱表

| 基础理论 | 保障性概念体系 | | 保障性定性要求体系 | 保障性定量参数体系 | | |
|---|---|---|---|---|---|---|
| 使能技术 | 图论 | UML | MAS | 概率论与数理统计 | 博弈理论 | Petri 网 |
| 对象层次 | 定性 | 定性 | 结合 | 定量 | 定量 | 定量 |
| 装备体系 | | | | | | |
| 作战单元 | 4. 基于多视图的保障系统建模方法 | 5. 基于 UML 的保障系统建模方法 | 6. 基于 MAS 的装备保障过程建模方法 | 1. 可用度计算公式<br>2. 保障性参数的统计公式 | | 7. 基于 CPN 的维修保障资源模型 |
| 基本单元 | 4. 基于多视图的保障系统建模方法 | 5. 基于 UML 的保障系统建模方法 | 6. 基于 MAS 的装备保障过程建模方法 | 1. 可用度计算公式<br>2. 保障性参数的统计公式 | | 7. 基于 CPN 的维修保障资源模型 |
| 装备 | | | 6. 基于 MAS 的装备保障过程建模方法 | 1. 可用度计算公式<br>2. 保障性参数的统计公式<br>9. 基于保障性分析的寿命周期费用估算模型 | 3. 基于预测技术和博弈论的装备使用可用度计算方法 | 7. 基于 CPN 的维修保障资源模型<br>8. 基于 Extend 的复杂可修系统仿真建模 |
| 系统 | | | | 1. 可用度计算公式<br>2. 保障性参数的统计公式<br>9. 基于保障性分析的寿命周期费用估算模型 | | |
| 零件 | | | | | | |

表 1-10 保障性应用技术型谱

| 类别 | 寿命周期 | 基能技术/对象层次 | 概率论与数理统计 | 相似理论 | QFD | 博弈理论 | Rough集理论 | Petri网 | BP神经网络 | TOPSIS法 | 模糊评判法 | 支持向量机 | 灰色理论 |
|---|---|---|---|---|---|---|---|---|---|---|---|---|---|
| 基础技术 | | | 1. 可用度计算公式 2. 保障性参数的统计公式 | | | 3. 基于预测技术和博弈论的装备使用的可用度设计计算方法 | 4. 基于多视图的保障系统建模方法 | 7. 基于CPN的维修保障资源模型 | | | 10. 保障性与影响因素之间的不确定关系描述 | | |
| 论证 | 装备作战单元 | | 1. 装备保障性评估指标体系的选择 2. 保障性要求的确定和分析方法(定性) | | | 16. 基于预测技术和博弈论的装备使用可用度设计计算方法 | | | | | | | |
| | 基本作战单元 | | 1. 装备保障性评估指标体系的选择 2. 保障性要求的确定和分析方法(定性) | | | 16. 基于预测技术和博弈论的装备使用可用度设计计算方法 | | | | | | | |
| | 装备 | | 1. 装备保障性评估指标体系的选择 2. 保障性要求的确定和分析方法(定性) 3. 软件保障性综合评价参数选取与定值处理方法(综合) 4. 以费用为目标以Ao为约束的RM参数权衡分析 | 5. 基于相似法的保障性评估指标体系的选择和分析方法 | 6. 基于质量功能展开(QFD)的保障性要求分析方法 | 16. 基于预测技术和博弈论的装备使用可用度设计计算方法 | | | | | | | |
| 设计分析 | 装备 | | 12. 系统(串并等)固有可用度预计方法 | | | | | | 7. 基于BP神经网络的装备保障评估方法 | 8. 基于TOPSIS的保障性评价方法 | 9. 基于模糊评判法的装备综合保障能力评估方法 | 10. 基于LS-SVM(最小二乘支持向量机)的保障性评估方法 | |
| | 系统设备 | | 12. 系统(串并等)固有可用度预计方法 | | | | | | 7. 基于BP神经网络的装备保障评估方法 | 8. 基于TOPSIS的保障性评价方法 | 9. 基于模糊评判法的装备综合保障能力评估方法 | 10. 基于LS-SVM(最小二乘支持向量机)的保障性评估方法 | |

（续）

| 类别 | 基础技术 | 1. 可用度计算公式 | 2. 保障性参数的统计公式 | 3. 基于预测技术和博弈论的装备可用度使用方法 | 4. 基于多视图的装备保障系统建模计算方法 | 7. 基于CPN的维修保障资源模型 | 10. 保障性与影响因素之间的不确定关系描述 |
|---|---|---|---|---|---|---|---|
| 试验验证 | 装备 | 13. 间歇可用度的试验与评价方法 | | | | | |
| | 系统设备 | 13. 间歇可用度的试验与评价方法 | | | | | |
| 运用保障 | 装备作战单元 | | | | 15. 基于Rough集理论的装备维修资源优化配置模型 | 14. 基于CPN的维修保障资源配置方法 | 11. 基于模糊白化灰色关联性的保障性评价方法 |
| | 基本作战单元 | | | | 15. 基于Rough集理论的维修保障资源优化配置模型 | 14. 基于CPN的维修保障资源配置仿真方法 | 11. 基于模糊白化灰色关联性保障性评价方法 |
| | 装备 | | | | 15. 基于Rough集理论的装备维修保障资源优化配置模型 | 14. 基于CPN的维修保障资源配置仿真方法 | 11. 基于模糊白化灰色关联性的保障性评价方法 |

**4. 基于故障物理的机械产品可靠性技术型谱**

西北工业大学主要针对机械产品,提出了基于故障物理的机械产品可靠性技术型谱(图1-20)。

**5. 基于 QMU 的可靠性技术型谱**

中国工程物理研究院提出了基于 QMU 的可靠性技术型谱(图1-21)。

**6. 已有技术规格与技术型谱特点分析**

上述可靠性维修性保障性技术型谱研究成果,在技术规格和技术型谱方面主要特点如下:

(1) 从技术的顶层布局上看,研究工作都以提出基础理论、基础技术和应用技术的格局,但每个研究工作对基础理论、基础技术和应用技术的实质内涵理解也不完全一致。

(2) 每个型谱研究工作都从不同的研究角度,提出了每类技术的技术规格,但差异很大,三大类技术规格基本上都不一致。例如,北京航空航天大学以概率统计、故障物理、模糊数学、复杂性理论和不确定性理论等为基础理论的技术规格,以可靠性度量、可靠性模型等基础技术的技术规格,以可靠性设计分析、可靠性试验、可靠性评估和可靠性维修性保障性综合集成为应用技术的技术规格,构建可靠性技术型谱。中国航空综合技术研究所以概率论、运筹学、逻辑学、故障物理学和广义应力损伤理论等为基础理论,构建了基于故障物理的可靠性维修性保障性基础技术型谱,以故障预测、故障预防、故障诊断和故障修复为视角构建了基于故障物理的可靠性、维修性、保障性应用技术型谱。西北工业大学以机械产品为对象,以概率统计和应力强度干涉理论为基础理论,逐层建立了机械产品可靠性基础技术和应用技术的技术型谱。中国工程物理研究院围绕 QMU 和广义信息论,构建了可靠性技术型谱。军械工程学院从维修性保障性研究的基本问题,首先提出了相应的基础理论型谱,逐层构建了基础技术和应用技术的技术规格,具有一定的通用性,但没有像其他研究工作一样,进一步展开为较为容易理解的技术型谱。

(3) 技术对具体对象的适用性都没有给出较为详尽的分析,技术型谱的针对性有待于进一步考察。

(4) 所有的研究工作都没有涉猎测试性、安全性、装备保障系统,以及保障特性与保障系统综合(战备完好性与任务持续性)等技术型谱,从装备保障工程技术角度看,研究工作还存在着缺项。

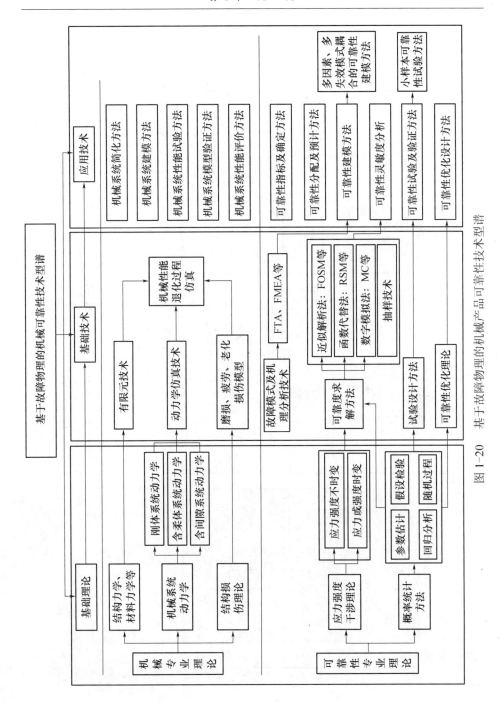

图 1-20 基于故障物理的机械产品可靠性技术型谱

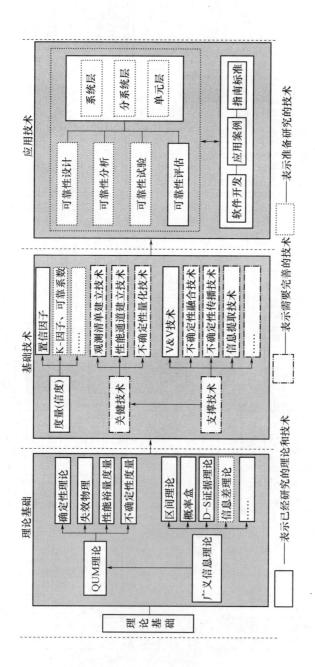

图1-21 基于QMU的可靠性技术型谱

# 第2章 装备保障工程技术领域分析

## 2.1 装备保障工程技术内涵

### 2.1.1 装备保障工程技术定义

装备保障工程技术是在装备全寿命过程中研究其战备完好与任务持续能力的形成与不断提高的工程技术。它运用系统科学与系统工程的理论和方法,从系统的整体性及其同外界环境的辩证关系出发,分析研究装备使用、装备保障特性与装备保障系统之间的相互作用机理,装备保障特性、保障系统的形成与发展规律,以及相关的理论与方法,并运用这些机理与规律、理论与方法,通过一系列相关的工程技术与管理活动,实现装备的战备完好性与任务持续性以及保障费用与保障规模要求。装备保障工程技术包括装备保障特性工程技术、装备保障系统技术以及装备保障特性与保障系统综合技术等。

从装备保障工程技术定义,可知:

(1)装备保障工程技术的总目标是提高装备的战备完好性和任务持续性,缩减保障规模和降低保障费用。其实现方式是通过将装备保障工程技术转化为工程应用能力,从而形成装备的完好持续能力。

(2)装备保障工程技术的研究是以系统工程的理论方法为指导的,研究的内容既包括了基础理论研究,又包括应用技术的研究。

(3)装备保障工程技术的应用涉及到对其他保障特性技术、保障系统技术等的综合运用。

### 2.1.2 装备保障特性与保障系统

自20世纪50年代以来,可靠性、维修性、保障性、耐久性、抢修性、安全性、环境适应性和经济可承受性等概念及其工程技术陆续走入人们的视野。经过多年的发展,人们认识到:这些特性与装备保障密切相关,而且这些特性在形成过程中相互作用、相互影响,对装备使用过程中保障能力的形成有着重要的影响。在现代质量观中,这些共有特性已成为装备质量的重要组成部分。从装备保障的角度出发,通常把这组与装备保障密切相关的装备质量特性称为装备保障特性。装备保障系统是由各种与装备使用与维修保障相关的要素构成的有机整体,一般包括保障物资资源、人力资源、信息资源、保障组织机构和保障法规制度等。

在装备保障特性中,可靠性是描述系统在多大程度上能够按照要求正常工作的属性。系统出现故障的情况越频繁,其可使用的时间就减少,进行系统保障所需的资源就越多。因此,开展可靠性研究的目的就是发现故障规律,尽可能地预防或减低故障出现频率。维修性是描述系统故障后是否"方便维修"或是否能"维修好"的属性。它反映了系统故障后,维修的难易程度,包括维修的时间长短,所需维修资源的多少等。因此,开展维修性研究的目的就是如何预防和便于修复装备,降低维修成本。保障性是描述系统是否"好保障"和能否"保障好"的属性。它反映的是装备保障难易程度的能力,涉及设计上是否易于保障,是否可获得相配套的保障资源。因此,开展保障性研究的目的就是如何使装备在结构上便于保障,在资源上易于准备。测试性是描述系统能否及时并准确地确定状态(可工作、不可工作或性能下降),并隔离其内部故障的属性。因此,开展测试性研究目的就是如何尽快进行发现故障,进行故障定位和隔离。耐久性是描述系统在极限状态多大程度上能够按照要求正常工作的属性。因此,开展耐久性研究的目的是如何尽可能地预防或减低这类故障出现频率。环境适应性是描述系统在极端环境下多大程度上能够按照要求正常工作的属性。它是装备在极端环境下生存和/或作战的能力。开展环境适应性研究的目的就是发现产品在各种极端环境下的故障规律,尽可能地预防故障出现。安全性是描述装备在多大程度上不会引起安全事故的属性。开展安全性研究的目的就是发现装备的事故发生规律,尽可能地进行与方法控制。经济可承受性描述系统研制、采购、使用和保障等生命周期费用是否经济的属性。开展经济可承受性研究的目的就是探索当发展高新技术装备时如何在高额的研制费用与买得起、用得起之间的进行权衡分析。

上述每种属性都有自身的运作规律。可靠性、耐久性与环境适应性从不同角度对装备的故障特性进行刻画与描述,揭示的是装备故障"发生"的规律。测试性是对装备性能的可观测性进行刻画与描述,揭示的是故障"发现"的规律。维修性是对装备性能(功能)的恢复进行刻画与描述,揭示的是故障"恢复与预防"过程的规律。保障性是对装备的保障过程进行刻画与描述,揭示的是保障系统的保障资源与装备相关设计特性相互作用规律。安全性是对装备的事故特性进行刻画与描述,揭示的是装备事故"发生"与"控制"规律。显然,安全性涉及的范围更为宽泛,在本技术领域对安全性问题的重点研究由故障引起的安全性问题。装备保障是装备保障特性和保障系统的综合反映,揭示了装备保障特性、装备保障系统运行与装备使用之间的相互作用的规律,如图 2 - 1 所示。

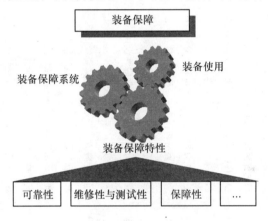

图 2 - 1　装备保障要素之间的作用关系

## 2.2　装备保障工程活动与技术

### 2.2.1　装备保障工程活动

装备保障工程活动贯穿于整个寿命周期的各种过程。全过程是指在装备寿命周期所经历的所有过程,一般包括论证、方案、工程研制、设计定型、生产定型、生产、使用与保障和退役报废等。全过程综合应用是指不仅要关注装备工程研制、生产过程,更要关注装备论证、方案形成过程,还要关注装备使用和保障过程及退役和报废过程。

目前,装备寿命周期各阶段装备保障工程主要活动如表 2 - 1 所列。

表 2-1　装备寿命周期中主要的装备保障工程工作

| 论证阶段 | 方案阶段 | 工程研制与设计、生产定型阶段 | | 生产阶段 | 装备部署与使用改进阶段 |
|---|---|---|---|---|---|
| 确定要求 | 设计分析 | 设计分析 | 试验验证 | 质量保证 | 评估改进 |
| · 初步确定保障定量要求<br>· 初步确定保障定性要求<br>· 确定保障工作项目要求 | · 制定设计准则<br>· 初步保障特性建模<br>· 保障特性分配<br>· 初步保障特性预计<br>· 功能 FMECA<br>· 维修性总体布局<br>· 制定初始保障方案<br>· 初步保障性分析<br>· 初步确定诊断方案<br>· 初步安全性分析<br>· 环境数据收集与分析<br>· 开展成本估算 | · 贯彻设计准则<br>· 详细保障特性建模<br>· 详细保障特性预计<br>· FMECA<br>· FTA<br>· 耐久性分析<br>· 潜在通路分析<br>· 电路容差分析<br>· 维修性分析<br>· 保障性分析<br>· 制定保障资源<br>· 研制保障资源<br>· 确定诊断方案<br>· 安全性分析<br>· 环境分析<br>· 限费设计 | · 环境应力筛选<br>· 可靠性研制/增长试验<br>· 可靠性鉴定试验<br>· 寿命试验<br>· 可靠性分析分评价<br>· 维修性核查<br>· 维修性验证<br>· 保障性设计特性试验<br>· 保障资源试验<br>· 测试性核查<br>· 测试性验证<br>· 安全性试验<br>· 安全性评价<br>· 环境试验 | · 工艺 FMECA<br>· 技术状态控制<br>· 关键件重要件质量控制<br>· 环境应力筛选<br>· 对承制方、供应方监督与控制<br>· 可靠性验收试验<br>· 通用质量特性信息收集 | · 保障特性信息收集与分析评估<br>· 战备完好性评估<br>· 持续性评估<br>· 保障系统运行与保障资源调整与优化 |

论证阶段,主要是科学合理地确定装备保障的定性要求和定量要求,为承制方开展装备保障特性设计、分析、试验提供依据,为军方进行装备保障特性监控与考核验收提供依据。

方案阶段,主要是通过进一步详细的装备保障特性论证,提出初始保障方案,为承制方开展装备保障特性设计、分析、试验提供依据,为军方进行装备保障特性监控与考核验收提供依据;通过装备保障特性设计分析,确保系统设计方案能满足装备保障特性要求。

工程研制与设计、生产定型阶段,主要是开展详细的装备装备保障特性设计、分析、试验,落实装备装备保障特性要求,制定保障方案,研制保障资源;通过定型,确定装备装备保障特性指标是否达到论证要求。

生产阶段,主要是开展装备生产质量与可靠性控制、通用质量特性生产试验和生产阶段装备装备保障特性信息收集等工作。

装备部署与使用阶段,主要开展部署中的装备保障特性试验和评价,使用阶段装备保障特性信息收集、评价和改进,战备完好性与任务持续性评估以及保障系统运行与保障资源调整优化等工作。

### 2.2.2　装备保障工程活动中的技术

根据装备全寿命过程中装备保障工程技术应用范围不同,分别从要求确定、设计与分析、试验与评价和持续改进等 4 个方面保障工程综合技术、保障特性工程技术和保障系统技术进行分类。如表 2 - 2 对可靠性工程技术、维修性工程技术、测试性工程技术、保障性工程技术、安全性工程技术、环境适应性工程技术和经济可承受性工程技术等装备保障特性工程技术进行了分类。

## 2.3　装备保障工程技术领域框架

### 2.3.1　装备保障工程的全系统全寿命特征

装备保障能力是通过装备全寿命过程中的系统工程过程来实现的,因此从装备保障工程工作的实施上看,装备保障工程技术具有鲜明的全系统,全寿命特征。

表 2－2　装备保障特性工程技术

| 应用范围 | 可靠性工程技术 | 维修性工程技术 | 测试性工程技术 | 保障性工程技术 | 安全性工程技术 | 环境适应性工程技术 | 经济可承受性工程技术 |
|---|---|---|---|---|---|---|---|
| 要求确定 | 可靠性建模<br>可靠性预计<br>可靠性分配 | 维修性建模<br>维修性预计<br>维修性分配 | 确定诊断方案和测试性要求<br>确定测试工作项目要求 | 使用任务分析<br>基准比较分析<br>初始使用保障方案分析与评价<br>初始维修保障方案的生成 | 技术方案优化、权衡<br>项目风险评价 | 环境数据测量与收集<br>环境数据处理<br>环境数据应用<br>寿命周期环境分析 | 费用驱动因素的确定<br>费用建模<br>费用估算中经济环境因素分析 |
| 设计与分析 | 可靠性建模<br>可靠性预计<br>可靠性分配<br>故障模式、影响及危害性分析<br>故障树分析<br>潜在通路分析<br>电路容差分析<br>可靠性设计准则制定<br>元器件、零部件和原材料的选择和控制<br>可靠性关键产品确定 | 建立维修性模型<br>维修性分配<br>维修性预计<br>故障模式及影响分析维修性信息<br>分析维修性信息<br>维修性分析<br>抢修性分析<br>维修性设计准则制定 | 测试性建模<br>测试性分配<br>测试性预计<br>故障模式及影响分析维修性信息<br>维修性设计准则制定<br>固有测试性设计和诊断设计 | 修理级别分析<br>使用与维修工作分析<br>故障模式及影响分析（FMEA）<br>损坏模式、影响与危害性分析（DMECA）<br>以可靠性为中心的维修分析（RCM） | 表格危险分析法<br>功能危险分析<br>控制能量设计<br>过程故障模式及影响分析<br>特定风险分析<br>概率风险评估<br>区域安全性分析<br>环境危险控制危险控制设计<br>材料变质危险控制<br>隔离设计 | 气候环境适应性设计<br>自然环境适应性设计<br>力学环境适应性设计 | 费用不确定性分析<br>费用敏感性分析<br>费用风险分析<br>经济可承受性设计<br>设计准则<br>费用效能评价<br>定费用设计<br>费用作为独立变量的设计<br>面向费用的设计<br>多学科综合设计 |

（续）

| 应用范围 | 可靠性工程技术 | 维修性工程技术 | 测试性工程技术 | 保障性工程技术 | 安全性工程技术 | 环境适应性工程技术 | 经济可承受性工程技术 |
|---|---|---|---|---|---|---|---|
| 试验与评价 | 环境应力筛选<br>可靠性研制试验<br>可靠性增长试验<br>可靠性验收试验<br>可靠性分析评价<br>寿命试验 | 维修性核查<br>维修性验证<br>维修性分析评价 | 测试性核查<br>测试性验证试验<br>测试性分析评价 | 保障性设计特性的试验与评价<br>保障资源试验与评价<br>系统战备完好性评估 | 试验类验证方法<br>检查类验证方法<br>分析类验证方法 | 使用环境试验与评价<br>自然环境试验与评价<br>实验室环境试验与评价<br>各种试验相关性和环境适应性综合评价<br>环境试验设备和仪器应用 | 成本估算<br>经济可承受性信息收集 |
| 持续改进 | 使用可靠性信息收集<br>使用可靠性评估<br>使用可靠性改进 | 使用期间维修性信息收集<br>使用期间维修性评价<br>使用期间维修性改进 | 使用期间测试性信息收集<br>使用期间测试性评价<br>使用期间测试性改进 | 使用期间保障性信息收集<br>使用期间保障性评价<br>使用期间保障性改进 | 使用期间安全性信息收集<br>使用期间安全性评价<br>使用期间安全性改进 | 使用期间环境适应性信息收集<br>使用期间环境适应性评价<br>使用期间环境适应性改进 | 经济基础可承受性信息收集<br>基于挣值管理的费用控制<br>基于价值工程的费用控制 |

（1）全寿命特征。装备保障工程技术领域涉及了武器装备的全寿命过程，包括论证阶段、方案阶段、研制阶段、定型阶段、生产阶段、使用阶段。每个阶段，装备保障工程技术领域的特色都不相同。例如，定型阶段以装备保障特性的试验验证技术为主，使用阶段以战备完好性与任务持续性评价、保障特性评估以及保障系统改进与优化等技术为主。

（2）全系统特征。装备保障工程技术领域的作用对象涉及了零件/元器件、系统/设备、装备（装备系统）、装备基本作战单元（或装备最小任务单元）、装备作战单元和装备体系等各个层次，其中装备系统、装备基本作战单元、装备作战单元装备体系中除包含主战装备外，还包含与其配套的保障系统，即武器装备的全系统。

## 2.3.2　装备保障工程技术领域的三维框架

依据装备保障工程技术领域的特征，可以构建技术领域的框架，如图 2 - 2 所示。

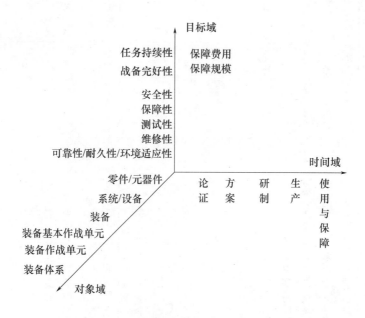

图 2 - 2　装备保障工程技术领域的三维框架

图 2 - 2 中，对象域、时间域和目标域的三维关系，是相互联系的整体。

在时间域,装备保障工程技术领域的技术与管理活动是分阶段进行的,各个阶段对应的目标域虽然不同,但其最终目标是提高装备体系的战备完好性、任务持续性,减少保障费用和保障规模。

在对象域,装备保障工程技术领域所研究的产品对象是分层次的,不同层次的产品所对应的属性也不尽相同,并非所有层次的对象都对应目标域的全部属性。例如,当对象域在零件/元器件层次时,其研究的目标属性就是零件/元器件的可靠性与耐久性/环境适应性;当对象域在装备层次时,其研究目标属性除了可靠性/耐久性/环境适应性外,还要加上维修性和保障性等;当对象域在装备基本作战单元、装备作战单元和装备体系层次时,其对象本身包含保障系统,研究目标属性的重点应为战备完好性、任务持续性和保障规模和保障费用。因此,不同层次的对象,因其对应的目标属性不同,所需要研究的方法和技术手段也不相同。

在目标域,装备保障工程技术领域所涉及的目标属性也是分层次的,其基础是可靠性/耐久性/环境适应性、维修性和保障性,三种属性揭示的是各层次研究对象的故障规律,功能、性能恢复规律和保障服务规律,其他属性是在这三种属性之上产生的第二层和第三层次目标属性。例如,测试性和安全性是依托故障产生规律,战备完好性和任务持续性是装备保障特性和保障系统特性的综合体现。

对图 2-2 中的目标域进一步深入的研究可以看出,对于装备基本作战单元、装备作战单元和装备体系来说,战备完好性反映了其在平时和战时使用条件下能随时开始执行预定任务的能力,即开则能动;任务持续性反映了在执行预定任务过程中其可以连续工作的能力,即动而可信;在开则能动、动而可信的基础上,装备基本作战单元、装备作战单元和装备体系才能表现出固有能力(性能),实现综合效能。

显然,装备保障工程技术追求提高装备战备完好性和任务持续性的目标,与装备效能所描述的问题是比较相近的,差别在于装备效能中的固有能力的提高不属于装备保障工程技术领域的研究范围,装备保障工程技术着力解决开则能动、动而可信的问题。为了实现开则能动、动而可信,装备应该具有良好的可靠性/耐久性/环境适应性、维修性、测试性和保障性等保障特性以及运行良好的保障系统等。

# 2.4 装备保障工程技术体系分类

## 2.4.1 技术体系

技术的种类繁多,功能各异,新技术层出不穷,但所有这些技术并不是相互孤立、杂乱无章的,而是相互联系、相互依存的。有学者指出:"无论在同一级技术的相互关系中,或者在低级技术和高级技术的相互关系中,各种技术都是相互联系的。作为一个整体,则形成了一个把所有技术从低级到高级联系到一起的、复杂的、立体网络结构的技术体系。"若干技术以其内在联系为依据,根据自然规律、社会规律和社会条件,以一定的方式相互联结而组成的一个具有特定功能的有机整体,就形成了所谓的技术体系。例如,一项新技术被发明出来后,能否在生产中加以应用,一般来说,除了其自身具有实用性等优势外,还要有一系列其他的技术(如材料技术、动力技术、新的知识等)与之配套,也就是说它必须与已有的技术联系起来构成技术体系。所以,技术体系是技术在社会中的现实存在方式,是将技术之间的联系放在社会条件下加以考察而形成的复杂的技术网络系统。

技术体系一般具有如下几个特征。

(1)社会目的性。任何技术体系都是按照一定的社会目的构成的,社会目的和要求不同,技术体系的构成以及不同技术之间的相互联系也就不同。社会目的既是形成技术体系的外在要求,同时也是衡量、评价技术体系功能的基本标准。它规范着技术体系社会存在的形式,决定着它的产生、存续和变化,是将不同技术联系起来的最重要的前提。

(2)功能整体性。技术体系追求的不是其中某一技术构成的单个功能,而是不同技术组分相互联系而形成的整体功能。任何技术组分都有自己的特定功能,它们是形成技术体系整体功能的"技术单元"。但技术体系整体功能的发挥不仅取决于各个"技术单元"的性能和水平,同时也取决于各个单元之间的联结方式,即结构。只有各技术单元之间在性能上互补、水平上匹配以及整体结构合理,才能使整个技术体系功能优化。

(3)构成的层次性。系统是分等级的,下一个层次的系统是构成更高一级系统的要素。技术体系也具有这种层次等级性。层次性表现出技术体系构成的范围的大小，也反映了技术体系的相对性，即确立一个技术体系，既要看其内部要素的有机联系，也与研究目的和特定环境有关。

（4）环境制约性。技术体系是由现实的相关技术组合而成的，而所有现实的技术都具有民族性、地域性，都受特定时期、特定地区的自然资源、地理环境、人才状况以及社会文化因素的直接影响。这些自然环境和社会文化条件就构成了技术体系的外部环境。因此，同样社会目的的技术体系在不同的环境条件下，其构成可以有相当大的差异。在一定时期里，为满足某一技术目的，究竟形成何种技术体系，除了自然规律起作用外，主要取决于社会的条件和环境状况。

（5）发展的连锁性。技术体系中某一子系统的变化，会引起相关的其他子系统的相应变化。在技术体系中，有最先产生并起带动作用的先导技术，有渗透性强、关联度大的主导技术或主导技术群，以及相配套的辅助技术。技术发展史表明：在原有技术体系的基础上，先导技术的产生与发展，使原来的主导技术逐步向新的主导技术转换，于是造成技术体系中横向网络的不平衡性；当量的积累达到一定程度时，就会引起技术体系的更替。正是这种连锁效应，使技术体系不断复杂化。

## 2.4.2　技术体系框架结构

技术体系框架结构是指体系内部各种（类）技术之间相互联系、相互作用的形式和方式，是技术体系中各种技术的秩序。现实技术之间的联系及其结合方式，既体现在横向联系上，也体现在纵向联系上。

横向联系是指把在同一时期（时代）、不同空间中存在的技术联结起来，构成一个具有特定功能的现实技术体系。技术之间的横向联系，大体上有如下几种形式。

（1）相互依存关系。所谓技术之间的相互依存关系是指一种技术得以出现并在生产中得到应用，是以另一技术的存在为前提的，否则，该技术就不能成为现实技术。

（2）相互渗透关系。相互渗透关系是指一种技术可以应用于多个生产过程之中，从而促使劳动过程中的各种技术之间相互渗透。

（3）连锁关系。技术之间的连锁关系是指当一种技术形成并投入使用时，可以带动其他相关技术产生连锁反应,推动整个技术体系向前发展。

技术的纵向联系是指不同时代形成的技术之间存在的联系,它表现为新技术与原有技术并存,尖端技术与传统技术并存且相互影响。任何一个时代都有代表该时代发展水平的尖端技术,但尖端技术的出现并不能完全取代传统技术,而是以传统技术为依托,并带动传统技术一起发展。

技术体系结构在发展过程中会不断发生变革,其主要原因如下。

(1) 技术体系中主导技术(群)的更替。在构成技术体系的众多单元技术中,总会有一项(或几项)技术的存在和发展影响和决定其他技术的内容、水平和发展方向,称为主导技术(或主导技术群)。处于主导地位的技术代表了这个时代技术体系发展的主流和趋势,决定着技术体系的性质和方向。技术体系中主导技术的确立和更替,必然引起技术领域中相关技术的连锁反应,其结果将是各种类型的技术在新的技术规范的基础上协调发展,形成以某项主导技术为核心的技术群,导致旧的技术体系的解体和新的技术体系的确立。

(2) 技术规范与技术实践的相互作用。技术规范是指依据科学的原理确立的、人们在技术创造活动过程中所遵从的习惯、惯例、模式和法则。技术规范规定技术实践的方向和途径,规范了人们的技术实践行为。技术实践是人们把技术规范付诸实践的行动。当新的科学原理产生并付诸实践后,会促使新技术产生。

(3) 社会新的需求。社会对新技术的需求是技术体系更迭的动力。社会需求包括政治、经济、军事等方面的需求。社会需求规定了整个技术体系中各类技术发展的先后序列,引导着主导技术的产生和新技术体系的形成、完善和扩展。

(4) 科学理论的重大发现。自然科学理论的重大发现,为技术的重大突破提供新的理论依据。它规定了技术发展的方向和水平,引导着新的技术规范的产生和主导技术的确立。近代技术史表明,几乎在每一次科学重大发现之后,它的直接后果是技术的重大突破、新的技术规范的形成、主导技术的出现,最后是旧技术体系的解体和新技术体系的产生。

钱学森等科学家将科学技术体系结构划分为三大类,分别是基础科学、技术科学和应用科学。其中,基础科学是研究自然界本身的规律,是由概念、定理、定律等组成的理论体系;技术科学是应用基础科学知识,考察各种专业技术的共性规律,其对象大部分是技术产品,目的是把认识自然的理论转化为改造自然的能力;应用科学是基础科学和技术科学的理论成果在生产过程中的具体运用。装备保障工程技术作为新兴发展学科,研究的是产品的全系统、全寿命、全过程的装备保障能力问题,属于应用技术科学分支。

当代科学技术呈现一体化趋势,科学研究越来越离不开先进复杂的技术手段,而许多传统技术也转移到新科学理论基础上而推陈出新。因此,应用技术科学也有各自领域的基础理论。因此,参照科技技术体系结构的一般分类方式,也可以将装备保障工程技术体系结构划分为三大部分,分别是装备保障工程技术的基础理论部分、装备保障工程技术的共性技术部分或装备保障工程技术的基础部分以及装备保障工程技术的应用技术部分。考虑到其他领域技术的发展有可能对装备保障工程技术领域的发展有显著的推动作用,因此还可以将这些其他领域技术(称为使能技术)也纳入装备保障工程技术体系。这样,装备保障工程技术体系结构可以分为四大类,分别是基础理论、基础技术、应用技术和使能技术。

(1) 基础理论:不附加任何特定的实际目的、为揭示客观存在的现象及规律而开展的研究。其研究目的是努力以某种明确的方式揭示客观存在的基础科学知识,包括因果关系知识和原理关系知识。因果关系指的是两个事件之间存在引起和被引起关系的关系;原理关系指的是物体状态的存在和演变之间未知其因果关系的规律性。基础理论的表现形式一般为:由概念、定理、定律等组成的理论体系。

(2) 基础技术:运用基础科学的方法,建立本领域基础科学知识的客观、清晰的描述而展开的研究。基础技术是应用技术的共性技术。其研究目的是运用各种方法手段,合理、清晰、形象地建立因果关系知识和原理关系知识。基础技术的表现形式一般为:由各类建模方法组成的技术系列。

(3) 应用技术:为某一特定实际应用目的、综合运用基础研究成果和其他领域的新技术、新手段而开展的研究。其研究目的包括两方面:一是确定基础研究成果用于某种目的的可能用途;二是为达到某一具体目的确定原理性新方法或新途径。应用技术的表现形式一般为:由解决工程实践中具体问题的各项技术组成的技术系列。

(4) 使能技术:借助其他领域的基础方法和先进的技术手段,解决本领域内的技术问题而开展的研究。其研究目的包括两个方面：一是提供描述本领域基础科学知识的建模方法；二是提供基础技术的应用手段。使能技术的表现形式一般为：由其他领域的基础技术和应用技术组合的技术系列。

## 2.5 装备保障工程技术体系框架结构

根据装备保障工程技术体系的分类方式，即可从基础理论、基础技术、使能技术和应用技术四方面，构建技术体系结构框架，如图 2-3 所示。

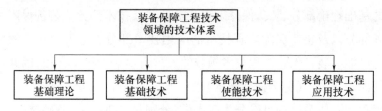

图 2-3 装备保障工程技术体系框架

### 2.5.1 装备保障工程基础理论

装备保障工程技术领域是以装备战备完好与任务持续能力的形成与不断提高为目标的。围绕着装备战备完好与任务持续能力形成以及持续提高的规律认识，从单一属性和综合属性研究的角度出发，装备保障工程技术领域的基础理论可以有两个层次，即装备保障工程综合基础理论以及装备保障特性工程基础理论和装备保障系统基础理论。

装备保障工程综合基础理论主要研究任务系统、保障对象系统和保障系统之间的相互作用机理，以及上述三个系统对战备完好与任务持续能力以及保障费用与保障规模的影响，为研究对象域中各层次研究对象的战备完好与任务持续能力的设计、分析与评估以及持续改进奠定理论基础。

保障特性工程基础理论主要研究装备的故障"发生"（可靠性）、"发现"（测试性）的机理与规律、故障"恢复与预防"（维修性）过程的机理与规律、故障引发的事故"发生"与"控制"（安全性）的机理与规律以及"保障系统资源特性与装备的保障特性"相互作用（保障性）的机理与规律，为装备"好保障"奠定理论基础。

　　保障系统基础理论主要研究装备保障物资资源、人力资源、信息资源、保障组织机构和保障法规制度等要素的相互作用影响规律,为保障系统实施持续改进,提高运行效率,最大限度满足装备保障需求,确保装备"保障好"奠定理论基础。

　　上述机理之间是相互作用、相互影响的。图2-4反映了基础理论涉及的机理之间的层次关系。通常反映装备保障特性机理的系统性能参数可分别用平均致命任务故障间隔时间(MTCBF)和平均修复时间(MTTR)度量,反映保障系统的性能参数用平均保障时间(MST)等来度量,反映三个系统作用机理的系统性能的综合参数可以用可用度(A)度量。

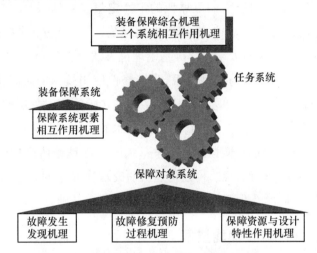

图2-4　基础理论涉及的机理之间的层次关系

## 2.5.2　装备保障工程基础技术

　　装备保障工程基础技术是利用基础理论的成果,依托具体的领域建模方法构建出相应定性定量参数体系与模型体系。考虑到属性研究的差异,又可分为综合基础技术、保障特性基础技术和保障系统基础技术,如图2-5所示。

　　装备保障工程综合基础技术,主要是依托装备综合基础理论的研究成果,运用随机过程、概率论微分方程以及系统仿真等理论方法,构建所研究层次对象的战备完好性与任务持续性以及保障费用与保障规模的定性定量参数体系与模型体系,为装备保障工程综合应用技术的研究奠定基础。

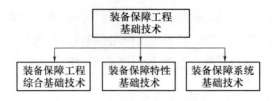

图 2-5 装备保障工程基础技术体系框架

装备保障特性基础技术主要依托可靠性、维修性、测试性、保障性、安全性等保障特性基础理论研究成果,分别运用概率数理统计、失效物理、模糊数学、QMU(裕量与不确定性量化方法)、系统仿真、网络建模、不确定性理论等基础理论方法,构建各研究对象层次的可靠性的定性定量参数体系与模型体系,为可靠性应用技术的研究奠定基础;运用概率数理统计、系统仿真、网络建模、产品空间结构拓扑建模和机器人动力学等基础理论方法,构建所研究对象层次的维修性的定性定量参数体系与模型体系,为维修性应用技术的研究奠定基础;运用概率数理统计、系统仿真等基础理论方法,建立所研究对象层次的保障性定性定量参数体系与模型体系,为保障性应用技术的研究奠定基础。

装备保障系统基础技术主要依托保障系统基础理论研究成果,运用排队论、库存论、运筹学等理论方法,构建构建所研究层次对象的保障系统定性定量参数体系与模型体系,为保障系统应用技术研究奠定基础。

### 2.5.3 装备保障工程使能技术

装备保障能力的提高不仅需要依靠自身的基础技术和应用技术来实现,往往还需要依托其他相关领域的技术进步来推动。先进技术可以推动装备保障工程技术的发展,但并非任何先进技术都可以实现这一目的。装备保障工程使能技术就是推动其技术领域整体能力提高的先进技术。

使能技术研究重点主要是分析寻求装备保障特性和保障系统运行效率提升的先进技术,并验证在保障对象系统与保障系统中有效运用的可行性,从而创新装备保障工程技术。通过使能技术研究,既可以构建、规划可提高装备保障工程技术的使能技术体系,又可以建立以演示验证技术(如试验技术、数字仿真技术与半实物仿真技术等)为基础的使能技术演示验证平台。依托该平台,可以根据未来作战的需要,分析众多先进技术对装备保障特性水平和装备保障能力提升的影响,并进行规划与引导,从而提出应用于研究对象各层次的使能技术的优选组合方案,确保先进技术的运用能够达到最佳效果,从而为进一步提高装备保障工程技术水平提供强有力的先进技术保证,如图 2-6 所示。

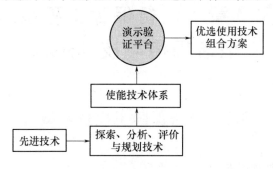

图 2-6 使能技术研究内容

## 2.5.4 装备保障工程应用技术

装备保障工程应用技术是指在基础理论、基础技术和使能技术之上形成面向装备全寿命周期的装备保障工程的综合论证技术、设计分析技术、试验与验证技术、生产保证技术和运用与保障技术,如图 2-7 所示。这些技术最终为形成武器装备全系统全寿命保障工程技术的标准与规范、工具与设备、组织与管理方法提供坚实的技术支持。

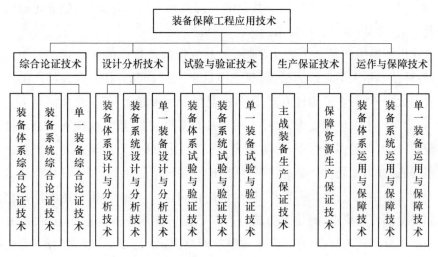

图 2-7 装备保障工程应用技术体系框架

# 第3章 装备保障工程技术
## 型谱规格与技术规格

## 3.1 装备保障工程技术型谱

### 3.1.1 技术型谱的概念

"谱"是指按照对象的类别或系统,以比较整齐划一的形式编辑而成的表格、图册或文书。"型谱"就是按照对象的不同型号,以某种整齐划一的方式加以编制成的表格、图册或文书。

"型谱"一词最早在我国航天界使用,后来在企业进行产品"三化"的过程中,"产品型谱"的概念得到了普遍的认可。可以说,产品型谱是产品通用化、系列化两种标准形式的结合与发展,目的是提高产品的通用性,通过增加产品规格扩大产品的适用范围,用最小数目的不同规格产品来满足全部使用要求。所以,产品型谱可定义为:"以最少数目的不同规格产品为标志的、能满足较长时期及一定范围内全部使用要求的产品系列。"

这里所说的产品是个物化的概念,一般指的是具体的硬件存在。与此不同,各种技术是人类思维的结果,只能说是个"软"产品。技术与硬件产品的特征有很大的不同:在通用性方面,硬件产品的通用性较为有限,只能满足一定范围、一定条件下的使用要求,而技术由于具有明显的共性特征,因而其通用性相对较强,可以跨越多个行业、多类对象;在系列化方面,为了扩大硬件产品的适用范围,通过增加硬件产品的规格,从而构成硬件产品系列,由于硬件产品的规格不能无限制扩展,因此需要经过分析、比较和选优,用最小数目的不同规格产品满足全部使用要求,而技术虽然也有其一定的使用条件和适用范围,但是其规格的划分却较为复杂,存在多个关键的影响因素。但是,产品型谱的存在,很好地展示了现有产品以及未来规划产品及其关系。因此,可以借鉴硬件产品型谱的概念,建立技术领域的技术型谱,梳理当前的技术,把握未来需要研究的技术。

依据对产品型谱的理解,可以建立技术型谱的概念。技术型谱就是按照技术的类别、规格编制而成的表格、图册或文书,但绝不是将特定领域现有的各种技术的简单罗列,汇集成表格、图册或文书,而是按照某种编制方法与规则,对所有技术方法进行的重新梳理和规划,是较为精炼的技术总结。编制技术型谱的目的是为了"总结过去成果,支撑当前应用,引领未来发展",为科学领域技术的全面、协调、可持续发展创造条件,指明方向。

## 3.1.2　装备保障工程技术型谱概念

装备保障工程技术型谱是指以最少数目的不同规格的装备保障工程技术为标志,符合科技发展趋势并能满足较长时期及一定范围内全部使用要求的装备保障工程技术系列。

分析装备保障工程技术型谱的内涵可知:

(1)装备保障工程技术型谱是在现有技术汇总而成的技术目录的基础上,经过优化处理,依据技术规范而建成的技术系列。

(2)装备保障工程技术型谱是依据技术规范构建的。技术规范由一组反映技术主要特征的、最少数目的技术规格组成,而技术型谱实际上是一棵由不同技术规格描述的"技术树"。

(3)装备保障工程技术型谱是当前以及未来一段时期内装备保障工程技术发展的指南,具有总结过去成果、支撑当前应用、引领未来发展的作用。

## 3.1.3　装备保障工程技术体系与技术型谱关系

装备保障工程技术体系是由装备保障工程技术领域内若干技术以其内在联系为依据,根据自然规律、社会规律和社会条件,以一定的方式相互联结而成的具有特定功能的一个有机整体。装备保障工程技术体系结构是指体系内各种(类)技术之间的相互联系、相互作用的形式和方式,亦即技术体系中各种技术的秩序。通过前面的分析可知,装备保障工程技术体系结构可以分为基础理论、基础技术、使能技术和应用技术等四大类。

装备保障工程技术型谱是依据一定的技术规范(由一组反映技术主要特征

的、最少数目的技术规格组成)制定而成的。它能够体现装备保障工程技术的相互关系、发展关系和替代关系。

对比分析可以发现,装备保障工程技术体系和技术型谱都是针对技术领域内的各类技术建立的某种秩序,且都具有动态发展的特征,但是两者也有显著的不同。

(1)应用层面不同。装备保障工程技术体系一般用于提出技术体系顶层的分类方式,而技术型谱则更多针对具体的技术系列进行分类。

(2)技术分类依据不同。装备保障工程技术体系的分类方式可以多种多样,没有唯一的规则。技术型谱的分类方式是有一定的规则要求的,即"以最小数目的不同规格"构建领域内各类技术之间的关系的。

由此可见,装备保障工程技术型谱是装备保障工程技术体系的一种具体的表现方式,两者在本质上是一致的。技术型谱往往更加规范,而技术体系通常对技术的需求关系更加密切。

# 3.2  装备保障工程技术规格的构建方法

技术型谱构建的核心是确定技术规格。技术规格反映了技术群体之间的组织方式。技术群体按照技术规格被分配到技术群的不同位置,从而形成完整的技术型谱,所以说技术规格是型谱规范化的一项重要手段。

由于技术规格是由一组(一个或多个)具有标志性的技术特征所组成,所以构建技术规格的关键是要确定技术的特征。

## 3.2.1  技术特征的分析

《科学技术哲学》中有关于技术的一般定义、技术的本质与分类方法等方面的论述。

技术是人类为满足自身的需要,在实践活动中根据实践经验或科学原理所创造或发明的各种手段和方式方法的总和。它体现在两个方面:一是技术活动,二是技术成果,包括技术理论、技术工艺与技术产品(物质设备)。技术在本质上"揭示出人对自然的能动关系,人的生活的直接生产过程,以及人的社会生活条件和由此产生的精神观念的直接生产过程"。

技术作为表现人对自然能动作用的关系范畴,其特征表现出丰富独特的辩证性质,如技术的自然性和社会性、物质性和精神性、主体性和客体性、中立性和价值性以及发展形式上的跃迁性和累积性等。

从技术之间的相互关系看,具有相关性和独立性、互补性和主导性、自稳性和变异性等特点。依据技术的特点,按照一定的标准就可以将技术分门别类,从而揭示其相互关系。由于所关注的焦点和视角不同,技术的分类方式有很多种。例如,按照人类活动的领域,可分为自然技术、社会技术和人类自身技术,也可以按照技术出现的时间顺序分类、按照技术水平高低分类、按照技术处理对象分类、按照技术的成果或者后果分类、按照技术过程分类、按照技术媒介分类、按照产业结构分类、按照技术的社会功能分类等。

通过上面的论述可知,这里给出的技术概念及其本质分析是从人—技术—活动之间的相互作用关系的角度出发来考虑的。而对技术的分类方式,则提供了按技术产生的时间、按技术的水平能力、按技术的作用对象,按技术的使用效果、按技术的形成过程以及其他等多种可能的分类方式,这为我们研究技术特征提供了一些可以借鉴的思考。

## 3.2.2　装备保障工程技术特征的构建方法

在技术型谱的研究中,技术规格所要提供的是一组能够显著区分技术的主要特征。可以说,这一组技术特征实际上是描述技术本身的不同视角。利用这一组技术特征,能够很轻易地将各种不同的技术区分。这一组技术特征应该具备相对的独立性和一定的完整性。

3.2.1 节论述的技术分类方法虽然提供了有用的建议,但是这些分类方式都是零散的,存在着多种的可能性,缺乏完整性的考虑。所以,在探讨和研究技术规格时,需要关注的不仅是怎么找到一些技术特征,更重要的是怎么找到一组相对完整的显著特征。否则,提出的技术规格或者由此建立的技术型谱都容易遭致质疑 。

由于技术的特殊性,它不同于一般意义上的产品,是思维的创新结果,所以很难从外部特征加以描述,只能从技术的自身出发进行考虑。对于技术,通常比较关心技术的能力如何,解决的问题是什么,有什么使用限制,效果如何,好不好用等。但是,这样的思维方式是一种不完备的思维方式。当我们提出一些技术的关注点后,总会有其他人提出一些其他的关注点,对所形成的技术规格的可信度表示一定的怀疑。为此,借鉴装备的全寿命的观点,我们提出了从"技术的全寿命过程分析技术确定技术规格"的研究方法。

技术的全寿命过程指的是从技术的产生到技术的失效的全过程,主要包括技术的需求阶段、技术的形成阶段和技术的使用阶段。

技术的需求阶段,主要回答技术产生的原因、背景是什么,或者需要技术解决什么样的问题,技术的研发目的是什么。通过对这一阶段的分析研究,可以清楚地了解技术产生的目的,从而明确技术解决的问题或技术应具备的功能用途。

技术的形成阶段,主要回答技术是怎么形成的;技术形成的前提基点是什么,包括技术形成的前提假设条件和前提知识是什么;技术形成的出发点是什么;技术形成的途径、方式或方法是什么,包括采用的方式、借助的方法手段;技术形成的状态是什么样的,是否完成,技术成熟度是多少。通过对这一阶段的分析研究,可以清楚地了解技术形成的过程,从而明确技术形成的前提、技术形成的途径、技术形成后的状态。

技术的使用阶段,主要回答技术的使用时机;技术的使用失效效果如何,包括技术是否好用、是否简单、是否有效、是否先进等;技术使用的有效期限是多长时间;技术的不足之处是什么等等。通过对这一阶段的分析研究,可以清楚了解技术的使用效果,从而明确技术的使用时机、技术的先进性、应用方便性和有效期限。

根据上述分析,在技术的需求阶段,我们对技术的关注点是技术解决的问题和技术应具备的功能用途等方面,为此,可以考虑选用"功能用途"作为描述这一阶段技术的特征参数。在技术形成阶段,我们对技术的关注点是技术的前提假设、前提基础、采用方式、借助手段、技术完成的状态、技术成熟度等方面。前提假设反映了技术的使用条件、适用对象及其层次;前提基础反映的是技术研发所依托的本领域的基础知识;采用方式即技术的研究方法、借助手段反映的是技术研发所依托的其他领域的知识、方法和手段,技术完成状态描述技术的当前情况,而技术成熟度反映了技术的可用程度。由此,可以考虑选用"使用条件、适用对象(含层次)、前提知识、研究方法、使能技术、技术状态和技术成熟度"作为描述这一阶段技术的特征参数。在技术使用阶段,我们对技术的关注点是技术的使用时机、使用效果和有效期限等方面,为此,可以考虑选用"使用时机、使用效果和有效期限"作为描述这一阶段技术的特征参数。这样,就可以建立起一组反映技术特征的通用参数集,分别是功能用途、使用条件、适用对象(含层次)、前提知识、研究出发点、研究方法、使能技术、技术状态、技术成熟度、使用时机、使用效果和有效期限。在技术规格的研究过程中,由于基础理论、基础技术和应用技术在特点上有明显差异,所以这里提供的通用技术特征参数集不是每一类技术必须拥有的,而是要依据各类技术自身的特点从中选取更具代表性且可操作的参数。技术特征参数的研究方法和过程如图 3 - 1 所示。

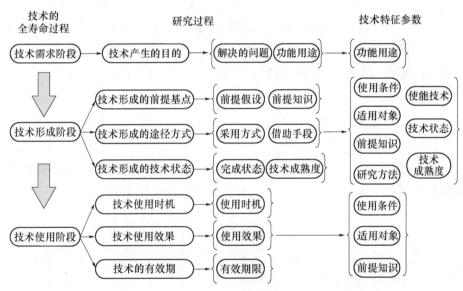

图 3 - 1　技术特征参数的研究方法和过程

分析这组特征参数可以发现以下问题。

(1)此时的使用条件已经被局限于具体方法的假设,要求很细,而各种技术方法的假设条件都不相同,且差异化很大,很难用此特征参数作为划分技术类别的依据,但是可以作为属性参数对某项技术提供更细致的描述。

(2)前提知识和使能技术都是该技术形成过程中的基础支撑技术,不管是否是属于本领域,因此,可考虑将两者合并成一个特征参数"基础支撑"。

(3)技术状态、技术成熟度、使用效果以及有效期限等特征参数,作为技术的属性描述非常合适,但是作为区别技术的显著特征层次显得不够。

这样,能够反映技术差别的主要特征集就只包括功能用途、适用对象(含层次)、基础支撑、研究方法、使用时机等5个参数,如图3-2所示。

图3-2 技术规格的组成

在这五个参数中,基础支撑与其他特征参数不同,它反映出了技术的演化特征。该技术的特征参数确定要受到基础支撑技术的技术特征的影响。在《2030战略》课题研究中,已经提到了应用技术的型谱受到基础技术和使用技术型谱的影响,而基础技术的型谱又受到基础理论和使能技术的影响,而使能技术的型谱受到应用技术和基础技术的影响。所以,技术规格的确定顺序,应该从基础理论开始。

另外,为了对每项技术有更多的了解,也可以通过技术说明卡获得技术的其他属性信息,如图3-3所示。不用类别的技术属性卡信息略微有些不同。

图3-3 技术说明卡的规范信息

需要注意的是,上面提出的技术规格的构建方法是一个通用方法,在实践中必须与应用技术集、基础技术集、使能技术集和基础理论集结合起来共同确定技术规格。

## 3.3　装备保障工程技术型谱构建的思路

考虑到技术体系中基础理论、使能技术、基础技术和应用技术的相互关系。在建立可靠性维修性保障性技术型谱框架过程中,要首先建立基础理论型谱,探索形成使能技术型谱,然后基于基础理论型谱和使能技术型谱,建立基础技术的型谱,最后依据使能技术型谱和基础技术型谱,建立应用技术型谱,如图 3 – 4 所示。

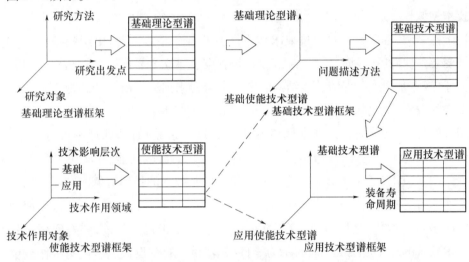

图 3 – 4　技术型谱构建的思路

## 3.4　基础理论技术规格的分析与确定

### 3.4.1　基于构建方法的技术规格分析

基础理论是指不附加任何特定的实际目的,在揭示领域内客观现象本质规律时获得的基础科学知识。基础理论一般由概念、原理组成。

依据上一节对技术特征的分析结论,可以从功能用途、适用对象(含层次)、基础支撑、研究方法、使用时机等 5 个参数,对基础理论的技术规格进行研究。

61

（1）功能用途，这一项参数反映的是技术解决的问题和技术应具备的功能用途。对于基础理论而言，关注的是研究的问题的本质特征是什么，或者说是什么类型的问题。所以，在这里使用"研究问题"取代"功能用途"这一参数更准确。

对研究问题的类型划分，应依据研究问题的本质特点。如果研究的问题是整个技术领域的问题，则比较常见的方法是依据研究性质划分为基础研究、应用研究、使能研究。因此，技术体系可划分为基础理论、基础技术、应用技术和使用技术。可以说，功能用途是装备保障工程技术型谱的第一个技术分类特征参数。如果研究的问题仅限于基础研究，揭示本质现象与规律，一般会在建立技术领域核心定义的基础上，根据作用对象及其层次，建立相应的定性定量描述参数，即装备保障定性定量要求体系及其相互关系。同时，由于装备保障直接受装备保障特性和保障系统运行的影响，也会建立产品保障功能结构的相关描述，或者基于产品保障功能结构的定性定量要求描述。由于基础理论是基础研究的成果，因此基础理论的分类可从基础研究的角度进行考虑，即可从研究问题的分类，转为研究问题的角度或出发点这一参数，对基础理论进行提炼。由此用研究出发点代替研究问题这一参数，刻度为性能、功能、性能功能综合。

（2）适用对象（含层次），这一参数反映的是技术的作用对象。对于基础理论而言，任何规律、原理的发现都是针对一定的研究对象的。所以，在这里使用"研究对象"取代"适用对象（含层次）"这一参数更准确。目前，装备保障工程技术领域的对象及层次一般表示为零件/元器件、系统/设备、装备、基本作战单元、最小任务单元、装备作战单元和装备体系等七个层次。

（3）基础支撑，这一参数反映的是支撑该项技术的本领域内的基础知识和领域外的基础知识或技术方法。对于基础理论而言，它自身所表达的知识就是本领域的"根"，所以没有。而它所利用的其他领域知识或方法，是通过使能技术表达的。而使能技术规格的划分方式放在使能技术那里进行表达。因此，在这里无需考虑"基础支撑"这一参数。

（4）研究方法，这一参数反映的是研究问题所采用的方式、方法，或者说怎么进行的研究。对基础理论而言，这个阶段侧重研究的方式、或者是研究的思路是什么，怎么考虑研究问题的。研究方法本身反映除了对研究问题的看法和认识。我们知道，客观事物的存在形式是复杂的、随机的和不确定性的。从牛顿力学建立,到量子力学建立之前,人类对客观事物的认识采用的是确定性的手段。量子力学以后,不确定性的手段开始出现。其实,"未知事物"在客观对象世界中的客观性、确定性和唯一性,决定了"问题"的客观性、确定性和唯一性。但是"问题表述"是认知主体对客观存在的"未知事物"的反映方式,所以"问题表述"是主观的、不确定的和多样的。也就是说,所要研究的客观问题的本身性质是唯一的,但是人类可采用确定性的和不确定性的方法对问题开展研究。由此,"研究方法"这一参数可分为确定性方法、不确定性方法或是综合性方法。

（5）使用时机,这一参数反映的是该技术的应用阶段。对基础理论而言,由于与具体应用无关,因此这一项参数在基础理论的技术规格中不予考虑。

这样,我们就得到了装备保障工程基础理论的技术型谱规格为:研究方法（确定性、不确定性、确定性与不确定性综合）、研究对象（零件/元器件、系统/设备、装备、基本作战单元、最小任务单元、装备作战单元和装备体系）、研究出发点（性能、功能、性能功能综合）。

## 3.4.2　基础理论技术规格的确定

基础理论规格如图 3 - 5 所示。

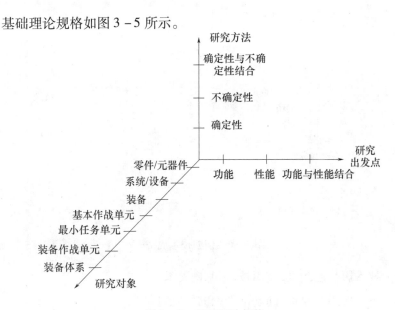

图 3 - 5　基础理论规格

（1）研究对象维：零件/元器件、系统/设备、装备、基本作战单元、最小任务单元、装备作战单元和装备体系。

（2）研究方法维：确定性、不确定性、确定性与不确定性综合。

（3）研究出发点维：性能、功能、功能性能综合。

# 3.5 使能技术规格的分析与确定

使能技术是指那些不属于本领域但对本领域的技术发展具有推动作用的理论、方法和技术。由于使能技术并非本领域的技术，不需要做深入的研究，所以无需应用前面提出的技术规格构建方法来研究。可以简单的根据使能技术影响到领域内哪些技术以及技术作用的对象加以考虑。很明显，存在着支持基础技术研究的基础使能技术和支持应用技术研究的应用使能技术。所以，从技术影响层次而言，可分为应用技术和基础技术。技术作用对象应该与领域内技术研究对象的层次保持一致。

使能技术规格如图3-6所示。

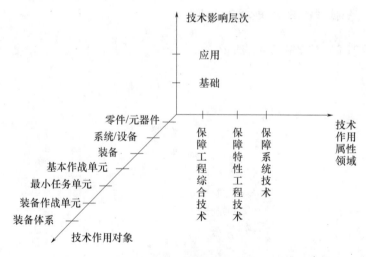

图3-6 使能技术规格

（1）技术影响层次维：应用技术、基础技术。

（2）技术作用对象维：同基础理论的研究对象维。

（3）技术作用属性领域维：保障工程综合技术、保障特性工程技术以及保障系统技术等。

# 3.6　基础技术规格的分析与确定

## 3.6.1　基于构建方法的技术规格分析

基础技术是指综合运用领域内的基础理论和其他领域的基础使能技术，建立某一领域的参数、模型等的方法，为具体的应用技术的形成提供技术基础。基础技术的特点是目的性不明显，不能直接转化为实践活动，必须借助于应用技术参与实践。

依据以上对技术特征的分析结论，可以从功能用途、适用对象（含层次）、基础支撑、研究方法、使用时机等 5 个方面，对基础技术的技术规格进行研究。

（1）功能用途，这一项参数反映的是技术所能够解决的问题或技术应具备的功能用途。在基础技术中，由于技术目的性不强，所以此参数可以忽略。

（2）适用对象（含层次），这一参数反映的是技术的作用对象。由于基础技术来源于基础理论，所以与其完全一致。

（3）基础支撑，这一参数反映的是基础技术形成过程中所依赖的领域内的基础理论和外界的使能技术。可直接引进"基础理论技术规格"和"使能技术规格"作为独立维度。

（4）研究方法，这一参数反映的是基础技术的形成过程所采用的方法。这里，可以使用定性、定量方法加以区分。

（5）使用时机，这一参数反映的是该技术的使用阶段。由于基础技术是基础规律的反映，与时机无关，因此，此处不予以考虑。

这样，就得到了基础技术的技术型谱规格为研究方法（定性、定量）、基础理论规格、使能技术规格。

## 3.6.2　基础技术规格的确定

基础技术型谱框架如图 3 - 7 所示。

（1）研究方法维：定性、定量、定性与定量相结合。

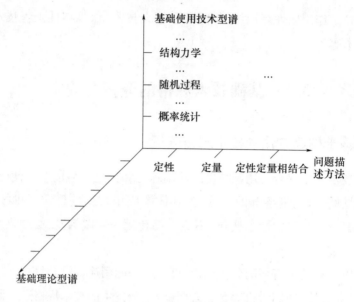

图3-7 基础技术型谱框架

（2）基础理论维技术规格。

（3）使能技术维技术规格。

## 3.7 应用技术规格的分析与确定

### 3.7.1 基于构建方法的技术规格分析

应用技术是指为解决领域内某一特定的实际应用问题，综合运用领域内的基础理论、基础技术的研究成果以及其他领域的使能技术而形成的领域内的新技术、新手段。应用技术是直接作用于具体的实践环节当中，解决具体某方面的问题。

（1）在应用技术中，功能用途反映的是技术具备解决什么样问题的能力。由于工程实践中各个阶段的划分明确且任务目的不同，所以可以按照粗的阶段划分方式，将应用技术划分为论证技术、研制技术、生产技术和使用技术；也可以按照细的阶段划分方式为要求确定技术、设计分析技术、试验验证技术、生产保证技术和评估改进用技术；还可以按照工程实践活动分得更细，如要求确定技术、分配技术、预计技术等。刻度的粗细程度,可按照降低技术规格数目考虑。如此可以选择第一种刻度划分方式。

（2）适用对象（含层次）,这一参数反映的是应用技术的作用对象,同基础技术完全一致。这一参数从基础技术规格中引入进来,可以不再考虑。

（3）基础支撑,这一参数反映的是支持应用技术产生的基础技术和使能技术。由于两者技术规格完全不同,且都要对应用技术产生影响,因此,这里要考虑"基础技术规格"和"使能技术规格"两项参数。

（4）研究方法,这一参数反映的是应用技术的形成过程所采用的方法。这一参数表达的核心内涵与基础支撑参数完全一致,所以这里不再考虑。

（5）使用时机,这一参数反映的是该技术的应用阶段。由于与功能用途参数表达相重复,所以只考虑两者中的一个即可。从清晰的角度看,使用"使用时机"参数表达更清楚些。

这样,就得到了应用技术的技术型谱规格为使用时机（论证、研制、生产、使用）、基础技术规格、使能技术规格。

## 3.7.2　应用技术规格的确定

应用技术型谱框架如图 3 - 8 所示。

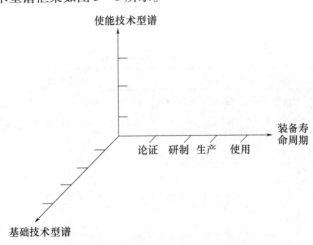

图 3 - 8　应用技术型谱框架

通过对三种方法形成的技术规格进行对比分析,最终得到的基础理论技术规格如下：

（1）装备寿命过程：论证、设计、试验、生产和使用。

（2）基础技术规格。

（3）使能技术规格。

## 3.8 装备保障工程技术型谱框架

依据前面研究得到的技术规格，即可建立装备保障工程的技术型谱框架。表3-1～表3-4给出了保障特性中维修性的基础理论、使能技术、基础技术与应用技术型谱框架示例。

表3-1 维修性基础理论型谱框架示例

| 研究方法<br>研究出发点<br>对象层次 | 确定性 | | | 不确定性 | | | 确定性不确定性相结合 | | |
|---|---|---|---|---|---|---|---|---|---|
| | 性能 | 功能 | 综合 | 性能 | 功能 | 综合 | 性能 | 功能 | 综合 |
| 装备体系 | | | | | | | | | |
| 装备 | | | | | | | | | |
| 系统/设备 | | | | | | | | | |
| 零件/元器件 | | | | | | | | | |

表3-2 维修性使能技术型谱框架示例

| 影响层次 | 基础使能技术 | | | 应用使能技术 | | | | | |
|---|---|---|---|---|---|---|---|---|---|
| | 数学 | 自然科学<br>（物理） | 系统<br>科学 | 分析评<br>价技术 | 仿真<br>技术 | 建模<br>技术 | 计算机<br>辅助技术 | 人工智能<br>技术 | 决策优<br>化技术 |
| 装备体系 | | | | | | | | | |
| 装备 | | | | | | | | | |
| 系统/设备 | | | | | | | | | |
| 零件 | | | | | | | | | |

表 3 - 3　维修性基础技术型谱框架示例

| 研究问题 研究途径 研究方法 研究对象 | 确定性 | | | | | | | | | 不确定性 | | | | | | | | | 确定性与不确定性相结合 | | | | | | | | |
|---|---|---|---|---|---|---|---|---|---|---|---|---|---|---|---|---|---|---|---|---|---|---|---|---|---|---|---|
| | 基于功能的 | | | 基于性能的 | | | 基于功能性能相结合的 | | | 基于功能的 | | | 基于性能的 | | | 基于功能性能相结合的 | | | 基于功能的 | | | 基于性能的 | | | 基于功能性能相结合的 | | |
| | 定性 | 定量 | 综合 | 定性 | 定量 | 综合 | 定性 | 定量 | 综合 | 定性 | 定量 | 综合 | 定性 | 定量 | 综合 | 定性 | 定量 | 综合 | 定性 | 定量 | 综合 | 定性 | 定量 | 综合 | 定性 | 定量 | 综合 |
| 装备体系 | | | | | | | | | | | | | | | | | | | | | | | | | | | |
| 装备 | | | | | | | | | | | | | | | | | | | | | | | | | | | |
| 系统/设备 | | | | | | | | | | | | | | | | | | | | | | | | | | | |
| 零件/元器件 | | | | | | | | | | | | | | | | | | | | | | | | | | | |

表 3 – 4　维修性应用技术型谱框架示例

| 寿命周期 | 研究对象 | 确定性 | | | | | | | | | 不确定性 | | | | | | | | |
| --- | --- | --- | --- | --- | --- | --- | --- | --- | --- | --- | --- | --- | --- | --- | --- | --- | --- | --- | --- |
| 研究问题 | 研究出发点 技术方法 | 性能 | | | 功能 | | | 综合 | | | 性能 | | | 功能 | | | 综合 | | |
| | | 定性 | 定量 | 结合 | 定性 | 定量 | 结合 | 定性 | 定量 | 结合 | 定性 | 定量 | 结合 | 定性 | 定量 | 结合 | 定性 | 定量 | 结合 |
| 论证 | 装备体系 | | | | | | | | | | | | | | | | | | |
| 设计 | 装备 | | | | | | | | | | | | | | | | | | |
| | 装备 | | | | | | | | | | | | | | | | | | |
| 分析 | 零件元器件 | | | | | | | | | | | | | | | | | | |
| 试验 验证 | 装备 | | | | | | | | | | | | | | | | | | |
| | 零件元器件 | | | | | | | | | | | | | | | | | | |
| 生产 | | | | | | | | | | | | | | | | | | | |
| 运用与 保障 | 装备体系 | | | | | | | | | | | | | | | | | | |
| | 装备作战单元 | | | | | | | | | | | | | | | | | | |
| | 装备 | | | | | | | | | | | | | | | | | | |

70

# 第4章 装备保障工程技术型谱

## 4.1 装备保障特性工程技术型谱

### 4.1.1 可靠性技术型谱

可靠性基础理论技术型谱的规格主要应该考虑研究问题的视角和研究对象。当前故障的研究概括起来主要就是面向功能、面向性能和面向功能与性能结合等3个方面。可靠性问题研究针对的对象十分复杂，通常从零件/元器件（单元）、部件/组件、设备、子系统/系统、装备/装备系统、装备基本作战单元、装备最小任务单元、装备作战单元直至装备体系。然而，从故障发生机理来看这些对象，它们往往具有一些共同的特征，尤其是从理论研究的角度来看，单一机理与多机理在研究通常具有本质的区别。因此，为了简化基础理论的技术规格，将研究对象的归为两类，即单一要素和多要素，同时多要素问题进一步划分为，要素之间相互独立和相互耦合。这样就形成可靠性基础理论的技术型谱，如表4-1所列。

表4-1 可靠性基础理论的技术型谱

| 研究视角<br>对象特征 | | 面向功能 | | | 面向性能 | | | 面向功能与性能结合 | | |
|---|---|---|---|---|---|---|---|---|---|---|
| 单一要素 | | 概念与问题域 | 原理与假设 | 建模方法论 | 概念与问题域 | 原理与假设 | 建模方法论 | 概念与问题域 | 原理与假设 | 建模方法论 |
| 多要素 | 独立 | 概念与问题域 | 原理与假设 | 建模方法论 | 概念与问题域 | 原理与假设 | 建模方法论 | 概念与问题域 | 原理与假设 | 建模方法论 |
| | 耦合 | 概念与问题域 | 原理与假设 | 建模方法论 | 概念与问题域 | 原理与假设 | 建模方法论 | 概念与问题域 | 原理与假设 | 建模方法论 |
| ▨研究处于成熟阶段；▨研究处于探索阶段；▨研究处于空白阶段 | | | | | | | | | | |

单一要素问题只有理论研究上具有一定的意义,在工程实际上通常不会遇到这样的问题,因此基础理论的技术型谱主要针对的是多要素的情况,可以进一步将型谱简化为针对多要素的6类。为了便于后续研究基础技术的型谱,将上述基础理论型谱归纳为面向功能的可靠性基础理论、面向性能的可靠性基础理论和面向功能与性能结合的可靠性基础理论3类。

以三类基础理论的技术型谱为基础,在充分分析基础技术特点的前提下,确立基础技术的主要使能技术。在定量分析使能技术方面,主要有概率论、模糊数学和不确定性理论等。在定性分析使能技术方面,主要有演绎分析法、逻辑分析法和相似理论等。另外,围绕面向性能的基础理论方面,还会涉猎到具体性能分析的专业领域,按照当前的情况,大致可以概括为"物理学"、应力强度干涉、裕度与不确定性量化以及网络拓扑、网络性能理论等。同时考虑到系统功能重构的特点,进一步将面向功能的可靠性基础理论划分为具有功能重构特征和无功能重构特征两大类。按照上述分析,可以理出在基础理论的技术型谱方面主要有7个技术规格,在使能技术方面暂且考虑6个技术规格。由此,可以确立可靠性基础技术的技术型谱,如表4-2所列。

按照技术型谱的规范,共计可以划分出42类基础技术,并分别对应给出每一类技术的内涵,并给予命名。

以概率论为定量描述工具,面向功能的可靠性基础理论,这类基础技术可以命名为基于概率论面向功能的可靠性基础技术,无功能重构特征部分内容对应的是当前较为成熟的可靠性数学,有功能重构特征部分还处于探索阶段。

以概率论为定量描述工具,面向性能(物理学)的可靠性基础理论,这类基础技术可以命名为基于概率论面向物理学的可靠性基础技术,这类技术对应的是当前研究的热点故障物理学理论与方法。

以概率论为定量描述工具,面向性能(应力强度干涉)的可靠性基础理论,这类基础技术可以命名为基于概率论面向应力强度干涉的可靠性基础技术,这类技术对应的是当前机械可靠性领域研究较为成熟的应力强度干涉理论与方法。

以概率论为定量描述工具,面向性能(裕度与不确定性量化)的可靠性基础理论,这类基础技术可以命名为基于概率论面向裕度与不确定性量化的可靠性基础技术,这类技术对应的是当前开始起步研究的裕度与不确定性量化理论与方法。

表 4-2　可靠性基础技术的技术型谱

| 基础理论型谱<br>使能技术 | 面向功能的可靠性基础理论 | | 面向性能的可靠性基础理论 | | | | 面向功能与性能结合的可靠性基础理论 |
| --- | --- | --- | --- | --- | --- | --- | --- |
| | 无功能重构特征问题 | 有功能重构特征问题 | 物理学 | 应力强度干涉 | 裕度与不确定性量化 | 网络拓扑与性能理论 | |
| 概率论 | 度量<br>模型与建模方法<br>应用方法论 | 度量<br>模型与建模方法<br>应用方法论 | 度量<br>模型与建模方法<br>应用方法论 | 度量<br>模型与建模方法<br>应用方法论 | 度量<br>模型与建模方法<br>应用方法论 | 度量<br>模型与建模方法<br>应用方法论 | 度量<br>模型与建模方法<br>应用方法论 |
| 模糊数学 | 度量<br>模型与建模方法<br>应用方法论 | 度量<br>模型与建模方法<br>应用方法论 | 度量<br>模型与建模方法<br>应用方法论 | 度量<br>模型与建模方法<br>应用方法论 | 度量<br>模型与建模方法<br>应用方法论 | 度量<br>模型与建模方法<br>应用方法论 | 度量<br>模型与建模方法<br>应用方法论 |
| 不确定性理论 | 度量<br>模型与建模方法<br>应用方法论 | 度量<br>模型与建模方法<br>应用方法论 | 度量<br>模型与建模方法<br>应用方法论 | 度量<br>模型与建模方法<br>应用方法论 | 度量<br>模型与建模方法<br>应用方法论 | 度量<br>模型与建模方法<br>应用方法论 | 度量<br>模型与建模方法<br>应用方法论 |
| 演绎分析法 | 度量<br>模型与建模方法<br>应用方法论 | 模型与建模方法<br>应用方法论 | | | | | |

（续）

| 基础理论型谱<br><br>使能技术 | 面向功能的可靠性基础理论 | | | 面向性能的可靠性基础理论 | | | 面向功能与性能结合的可靠性基础理论 |
|---|---|---|---|---|---|---|---|
| | 无功能重构特征问题 | 有功能重构特征问题 | 物理学 | 应力强度干涉 | 裕度与不确定性量化 | 网络拓扑与性能理论 | |
| 逻辑分析法 | 度量<br>模型与建模方法<br>应用方法论 | 度量<br>模型与建模方法<br>应用方法论 | | | | | 度量<br>模型与建模方法<br>应用方法论 |
| 相似理论 | 度量<br>模型与建模方法<br>应用方法论 | 度量<br>模型与建模方法<br>应用方法论 | 度量<br>模型与建模方法<br>应用方法论 | 度量<br>模型与建模方法<br>应用方法论 | 度量<br>模型与建模方法<br>应用方法论 | 度量<br>模型与建模方法<br>应用方法论 | 度量<br>模型与建模方法<br>应用方法论 |

■ 研究处于成熟阶段；■ 研究处于探索阶段；■ 研究处于空白阶段；□ 研究可能不适用

以概率论为定量描述工具,面向性能(网络拓扑与性能理论)的可靠性基础理论,这类基础技术可以命名为基于概率论面向网络拓扑与性能理论的可靠性基础技术,这类技术对应的是当前研究的网络可靠性理论与方法。

以概率论为定量描述工具,面向功能与性能结合的可靠性基础理论,这类基础技术可以命名为基于概率论面向功能与性能结合的可靠性基础技术,这类技术当前有一些探索性研究,分散在面向性能和功能的研究中还没有构成相应的技术体系。

以模糊数学为定量描述工具,面向功能的可靠性基础理论,这类基础技术可以命名为基于模糊数学面向功能的可靠性基础技术,无功能重构特征部分内容对应的是当前较为成熟的模糊可靠性理论与方法,有功能重构特征部分还处于没有开展研究。

以不确定性理论为定量描述工具,面向功能的可靠性基础理论,这类基础技术可以命名为基于不确定性理论面向功能的可靠性基础技术,这类基础技术刚刚开始探索性研究。

以不确定性理论为定量描述工具,面向性能的可靠性基础理论,可以命名为基于不确定性理论面向性能的可靠性基础技术。面向功能与性能结合的可靠性基础理论,可以命名为基于不确定性理论面向功能与性能结合的可靠性基础技术,这两类技术当前还没有开展研究。

以演绎分析法为定性分析工具,面向功能的可靠性基础理论,这类基础技术可以命名为基于演绎分析法面向功能的可靠性基础技术,这类技术对应的是当前较为成熟的故障模式、影响与危害分析技术。对于面向性能和面向功能与性能结合的基础理论可以分别命名为基于演绎分析法面向性能的可靠性基础技术和基于演绎分析法面向功能与性能结合的可靠性基础技术,这两类技术可能对具体问题不适用。

以逻辑分析法为定性分析工具,面向功能的可靠性基础理论,这类基础技术可以命名为基于逻辑分析法面向功能的可靠性基础技术,这类技术对应的是当前较为成熟的可靠性框图建模技术、故障树分析技术等。对于面向性能基础理论可以命名为基于逻辑分析法面向性能的可靠性基础技术,这类技术还没有相关的研究,可能不能完全适用。对于面向功能与性能结合的基础理论可以命名为基于逻辑分析法面向功能与性能结合的可靠性基础技术,这类在以往的研究中有一定的探索,但还远没有系统化。

以相似理论为定性分析工具,面向功能的可靠性基础理论,这类基础技术可以命名为基于相似理论面向功能的可靠性基础技术,对于面向性能基础理论可以命名为基于相似理论面向性能的可靠性基础技术,面向功能与性能结合的基础理论可以命名为基于相似理论面向功能与性能结合的可靠性基础技术,这三类技术在以往的研究都有较为深入的研究,最常见是可靠性设计准则制定与核查技术。

综合以上分析,可靠性基础技术大体上可以归纳为21类,这21类基础技术作为可靠性应用技术型谱中基础技术型谱的技术规格。可靠性应用技术型谱中通常还考虑装备全寿命过程,为简化起见将全寿命活动归纳为论证、设计与分析、试验验证以及评估与优化等4个方面。据此,可以形成可靠性应用技术型谱的基本框架,涉及直接用于解决实际问题应用使能技术的技术规格由于过于繁杂,这里做简化处理。可靠性应用的技术型谱如表4-3所列。

表4-3  可靠性应用的技术型谱

| 寿命阶段活动<br>基础技术型谱 | 论证 | 设计与分析 | 试验验证 | 评估与优化 |
|---|---|---|---|---|
| 基于概率论面向功能的可靠性基础技术 | | | | |
| 基于概率论面向物理学的可靠性基础技术 | | | | |
| 基于概率论面向应力强度干涉的可靠性基础技术 | | | | |
| 基于概率论面向裕度与不确定性量化的可靠性基础技术 | | | | |
| 基于概率论面向网络拓扑与性能理论的可靠性基础技术 | | | | |
| 基于概率论面向功能与性能结合的可靠性基础技术 | | | | |
| 基于模糊数学面向功能的可靠性基础技术 | | | | |
| 基于模糊数学面向性能的可靠性基础技术 | | | | |
| 基于模糊数学面向功能与性能结合的可靠性基础技术 | | | | |
| 基于不确定性理论为面向功能的可靠性基础技术 | | | | |
| 基于不确定性理论面向性能的可靠性基础技术 | | | | |

（续）

| 寿命阶段活动　　　　　　　 基础技术型谱 | 论证 | 设计与分析 | 试验验证 | 评估与优化 |
|---|---|---|---|---|
| 基于不确定性理论面向功能与性能结合的可靠性基础技术 | | | | |
| 基于演绎分析法面向功能的可靠性基础技术 | | | | |
| 基于演绎分析法面向性能的可靠性基础技术 | | | | |
| 基于演绎分析法面向功能与性能结合的可靠性基础技术 | | | | |
| 基于逻辑分析法面向功能的可靠性基础技术 | | | | |
| 基于逻辑分析法面向性能的可靠性基础技术 | | | | |
| 基于逻辑分析法面向功能与性能结合的可靠性基础技术 | | | | |
| 基于相似面向功能的可靠性基础技术 | | | | |
| 基于相似理论面向性能的可靠性基础技术 | | | | |
| 基于相似理论面向功能与性能结合的可靠性基础技术 | | | | |

▧ 研究处于成熟阶段；▨ 研究处于探索阶段；■ 研究处于空白阶段

　　按照表中的可靠性应用技术型谱划分,共计形成 84 类应用技术,每类应用技术还可以根据工作类型(如设计与分析中的分配、预计工作分别对应分配技术、预计技术)和应用使能技术(如针对分配技术,可以有基于等权重的分配技术、基于专家评分的分配技术等)进一步细化,直接落实到每一项技术上。这个刻画过于细致,往往十分繁琐,在此简化处理,不再往下划分技术规格。由于考虑具有功能重构特征带来的可靠性新问题,在上述 84 类技术中只有极少数技术比较成熟。技术型谱中技术的命名方式可以采用基础技术型谱命名的基础技术去掉"基础技术",后面加上论证技术、设计与分析技术、试验验证技术或评估与优化技术等。例如,基于相似理论面向性能的可靠性基础技术对应的应用技术可以命名为基于相似理论面向性能的可靠性论证技术、设计与分析、技术试验验证技术或评估与优化技术等。将技术型谱中进一步简化,并在工作层面做细化,可以构建出可靠性技术体系。在基础技术和应用技术方面,还可以按照产品层次(如零件/元器件、系统/设备、装备(装备系统)、装备基本作战单元

（或装备最小任务单元）、装备作战单元和装备体系）以及产品类型（如机械、电子、机电、液压、光电和软件等）等进一步细分类型。为简化技术体系表，下面表中不做分解处理，详见附表1。

## 4.1.2 维修性技术型谱

维修性基础理论技术型谱的规格主要应该考虑研究问题的视角和研究对象。当前维修性研究概括起来主要就是面向功能、面向性能和面向功能与性能结合等3个方面。维修性问题研究针对的对象，通常从零件/元器件（单元）、部件/组件、设备、子系统/系统、装备/装备系统、装备基本作战单元、装备最小任务单元、装备作战单元直至装备体系。然而，从维修性研究问题的特点来看，可以将其归结为装备以下层次（含装备）以及装备以上层次等两类对象。这样就形成维修性基础理论的技术型谱，如表4-4所列。

表4-4 维修性基础理论的技术型谱

| 研究视角 / 对象特征 | 面向功能 | | | 面向性能 | | | 面向功能与性能结合 | | |
|---|---|---|---|---|---|---|---|---|---|
| 装备以下层次 | 概念与问题域 | 原理与假设 | 建模方法论 | 概念与问题域 | 原理与假设 | 建模方法论 | 概念与问题域 | 原理与假设 | 建模方法论 |
| 装备以上层次 | 概念与问题域 | 原理与假设 | 建模方法论 | 概念与问题域 | 原理与假设 | 建模方法论 | 概念与问题域 | 原理与假设 | 建模方法论 |

■ 研究处于成熟阶段；■ 研究处于探索阶段；■ 研究处于空白阶段

维修性基础理论按技术型谱划分共有6类。装备以上层次的维修性问题当前在认识上不是十分清晰，还需要首先在理论上进行一定的探索，尤其是要搞清楚这个层次的维修性问题是否具有存在的意义。为了便于后续研究基础技术的型谱，将上述基础理论型谱归纳为面向功能的维修性基础理论、面向性能的维修性基础理论和面向功能与性能结合的维修性基础理论等三类。

以三类基础理论的技术型谱为基础，在充分分析基础技术特点的前提下，确立出基础技术的主要使能技术。在定量分析使能技术方面，主要有概率论及模糊数学等。在定性分析使能技术方面，主要有工作流分析方法、相似理论和数字样机技术等。按照上述分析，可以理出在基础理论的技术型谱方面主要有

3个技术规格,在使能技术方面暂且考虑5个技术规格。由此,可以确立维修性基础技术的技术型谱,如表4-5所列。

表4-5　维修性基础技术的技术型谱

| 使能技术＼基础理论 | 面向功能的维修性基础理论 | 面向性能的维修性基础理论 | 面向功能与性能结合的维修性基础理论 |
|---|---|---|---|
| 概率论 | 度量 | 度量 | 度量 |
|  | 模型与建模方法 | 模型与建模方法 | 模型与建模方法 |
|  | 应用方法论 | 应用方法论 | 应用方法论 |
| 模糊数学 | 度量 | 度量 | 度量 |
|  | 模型与建模方法 | 模型与建模方法 | 模型与建模方法 |
|  | 应用方法论 | 应用方法论 | 应用方法论 |
| 相似理论 | 度量 | 度量 | 度量 |
|  | 模型与建模方法 | 模型与建模方法 | 模型与建模方法 |
|  | 应用方法论 | 应用方法论 | 应用方法论 |
| 数字样机技术 | 度量 | 度量 | 度量 |
|  | 模型与建模方法 | 模型与建模方法 | 模型与建模方法 |
|  | 应用方法论 | 应用方法论 | 应用方法论 |
| 工作流分析方法 | 度量 | 度量 | 度量 |
|  | 模型与建模方法 | 模型与建模方法 | 模型与建模方法 |
|  | 应用方法论 | 应用方法论 | 应用方法论 |

■ 研究处于成熟阶段;　■ 研究处于探索阶段;　■ 研究处于空白阶段

　　按照技术型谱的规范,共计可以划分出15类基础技术,并分别对应给出每一类技术的内涵,并给予命名。

　　以概率论为定量描述工具,面向功能的维修性基础理论,这类基础技术可以命名为基于概率论面向功能的维修性基础技术;面向性能的维修性基础理论,这类基础技术可以命名为基于概率论面向性能的维修性基础技术。这两类技术在装备以下层次主要对应是当前维修性理论和产品拆装技术,因此研究比较成熟。面向功能与性能结合的维修性基础理论,这类基础技术可以命名为基于概率论面向功能与性能结合的维修性基础技术,这类技术研究目前还不是十分成熟。

以模糊数学为定量描述工具,对应的三类基础技术,即基于模糊数学面向功能的维修性基础技术、基于模糊数学面向性能的维修性基础技术和基于模糊数学面向功能与性能结合的维修性基础技术,目前属于研究空白,工程需求不强烈。

以相似理论为定性分析工具,对应的三类基础技术,即基于相似理论面向功能的维修性基础技术、基于相似理论面向性能的维修性基础技术和基于相似理论面向功能与性能结合的维修性基础技术,这三类技术在以往的研究都有较为深入的研究,最常见是维修性设计准则制定与核查技术。

以数字样机技术为定性分析工具,对应的三类基础技术,即基于数字样机技术面向功能的维修性基础技术、基于数字样机技术面向性能的维修性基础技术和基于数字样机技术面向功能与性能结合的维修性基础技术。其中,第2类技术研究比较成熟,第1类和第3类技术处于探索阶段。

以工作流分析方法为定性分析工具,对应的三类基础技术,即基于工作流分析方法面向功能的维修性基础技术、基于工作流分析方法面向性能的维修性基础技术和基于工作流分析方法面向功能与性能结合的维修性基础技术。其中,第1类技术研究比较成熟,第2类和第3类技术处于探索阶段。

综合以上分析,维修性基础技术大体上可以归纳为15类,这15类基础技术作为维修性应用技术型谱中基础技术型谱的技术规格。维修性应用技术型谱还应考虑论证、设计与分析、试验验证和评估与优化等4个方面。据此,可以形成维修性应用技术型谱的基本框架,如表4-6所列。

表4-6 维修性应用技术型谱

| 基础技术型谱 ＼ 寿命阶段活动 | 论证 | 设计与分析 | 试验验证 | 评估与优化 |
|---|---|---|---|---|
| 基于概率论面向功能的维修性基础技术 | | | | |
| 基于概率论面向性能的维修性基础技术 | | | | |
| 基于概率论面向功能与性能结合的维修性基础技术 | | | | |
| 基于模糊数学面向功能、面向性能以及面向功能与性能结合的维修性基础技术 | | | | |
| 基于相似理论面向功能、面向性能以及面向功能与性能结合的维修性基础技术 | | | | |

（续）

| 基础技术型谱 ＼ 寿命阶段活动 | 论证 | 设计与分析 | 试验验证 | 评估与优化 |
|---|---|---|---|---|
| 基于数字样机技术面向功能的维修性基础技术 | | | | |
| 基于数字样机技术面向性能的维修性基础技术 | | | | |
| 基于数字样机技术面向功能与性能结合的维修性基础技术 | | | | |
| 基于工作流分析方法面向功能的维修性基础技术 | | | | |
| 基于工作流分析方法面向性能的维修性基础技术 | | | | |
| 基于工作流分析方法面向功能与性能结合的维修性基础技术 | | | | |

▨ 研究处于成熟阶段；░ 研究处于探索阶段；▓ 研究处于空白阶段

按照表中的维修性应用技术型谱划分,共计形成60类应用技术。总体上看,维修性应用技术研究空白相对较少。将技术型谱中进一步简化,并在工作层面做细化,可以构建出维修性技术体系,详见附表2。

## 4.1.3 保障性技术型谱

保障性基础理论技术型谱的规格主要应该考虑研究问题的视角和研究对象。当前保障性研究概括起来主要就是面向功能、面向性能(装备性能和保障系统性能)和面向功能与性能结合等3个方面。维修性问题研究针对的对象,通常从零件/元器件(单元)、部件/组件、设备、子系统/系统、装备/装备系统、装备基本作战单元、装备最小任务单元、装备作战单元直至装备体系。然而,从保障性研究问题的特点来看,可以将其归结为装备以下层次(含装备)以及装备以上层次等两类对象。这样就形成保障性基础理论的技术型谱,如表4-7所列。

表4-7 保障性基础理论的技术型谱

| 对象特征 ＼ 研究视角 | 面向功能 | | | 面向性能 | | | | | | 面向功能与性能结合 | | |
|---|---|---|---|---|---|---|---|---|---|---|---|---|
| | | | | 装备性能 | | | 保障系统性能 | | | | | |
| 装备以下层次 | 概念与问题域 | 原理与假设 | 建模方法论 | 概念与问题域 | 原理与假设 | 建模方法论 | 概念与问题域 | 原理与假设 | 建模方法论 | 概念与问题域 | 原理与假设 | 建模方法论 |

（续）

| 研究视角　　　对象特征 | 面向功能 | | | 面向性能 | | | | | | 面向功能与性能结合 | | |
|---|---|---|---|---|---|---|---|---|---|---|---|---|
| | | | | 装备性能 | | | 保障系统性能 | | | | | |
| 装备以上层次 | 概念与问题域 | 原理与假设 | 建模方法论 | 概念与问题域 | 原理与假设 | 建模方法论 | 概念与问题域 | 原理与假设 | 建模方法论 | 概念与问题域 | 原理与假设 | 建模方法论 |

██ 研究处于成熟阶段；　██ 研究处于探索阶段；██ 研究处于空白阶段

保障性基础理论按技术型谱划分共有8类。装备以上层次的保障性问题当前的研究工作还很薄弱，尤其是涉及与装备以上层次的性能相关研究和涉及功能与性能相结合的研究还处于空白，还需要在理论上进行一定的探索。为了便于后续研究基础技术的型谱，将上述基础理论型谱归纳为面向功能的保障性基础理论、面向装备性能的保障性基础理论、面向保障系统性能的保障性基础理论和面向功能与性能结合的保障性基础理论等四类。

以4类基础理论的技术型谱为基础，在充分分析基础技术特点的前提下，确立出基础技术的主要使能技术。在定量分析使能技术方面，主要有概率论（对于模糊数学和不确定性理论描述保障性问题的需求还不是很强烈）。在定性分析使能技术方面，主要有工作流分析方法、相似理论和逻辑分析法等。按照上述分析，可以理出在基础理论的技术型谱方面主要有4个技术规格，在使能技术方面暂且考虑4个技术规格。由此，可以确立保障性基础技术的技术型谱，如表4-8所列。

表4-8　保障性基础技术的技术型谱

| 基础理论　　　使能技术 | 面向功能的保障性基础理论 | 面向装备性能的保障性基础理论 | 面向保障系统性能的保障性基础理论 | 面向功能与性能结合的保障性基础理论 |
|---|---|---|---|---|
| 概率论 | 度量 | 度量 | 度量 | 度量 |
| | 模型与建模方法论 | 模型与建模方法论 | 模型与建模方法论 | 模型与建模方法论 |
| | 应用方法论 | 应用方法论 | 应用方法论 | 应用方法论 |
| 相似理论 | 度量 | 度量 | 度量 | 度量 |
| | 模型与建模方法 | 模型与建模方法 | 模型与建模方法 | 模型与建模方法 |
| | 应用方法论 | 应用方法论 | 应用方法论 | 应用方法论 |

（续）

| 使能技术＼基础理论 | 面向功能的保障性基础理论 | 面向装备性能的保障性基础理论 | 面向保障系统性能的保障性基础理论 | 面向功能与性能结合的保障性基础理论 |
|---|---|---|---|---|
| 逻辑分析法 | 度量 | 度量 | 度量 | 度量 |
| | 模型与建模方法 | 模型与建模方法 | 模型与建模方法 | 模型与建模方法 |
| | 应用方法论 | 应用方法论 | 应用方法论 | 应用方法论 |
| 工作流分析方法 | 度量 | 度量 | 度量 | 度量 |
| | 模型与建模方法 | 模型与建模方法 | 模型与建模方法 | 模型与建模方法 |
| | 应用方法论 | 应用方法论 | 应用方法论 | 应用方法论 |

■ 研究处于成熟阶段；■ 研究处于探索阶段；■ 研究处于空白阶段

按照技术型谱的规范，共计可以划分出 16 类基础技术，并分别对应给出每一类技术的内涵，并给予命名。

以概率论为定量描述工具，面向功能的保障性基础理论，这类基础技术可以命名为基于概率论面向功能的保障性基础技术；面向装备性能和面向装备保障系统性能的保障性基础理论，这两类基础技术可以分别命名为基于概率论面向装备性能的保障性基础技术和基于概率论面向保障系统性能的保障性基础技术。这三类技术在装备以下层次做了相应的研究工作，还处于探索起步阶段，尤其是针对使用保障方面的工作还亟待加强，如装备作战单元任务前准备时间、装备再次出动准备时间等。面向功能与性能结合的保障性基础理论，这类基础技术可以命名为基于概率论面向功能与性能结合的保障性基础技术，这类技术研究目前尚属空白。

以相似理论为定性分析工具，对应的四类基础技术，即基于相似理论面向功能的保障性基础技术、基于相似理论面向装备性能的保障性基础技术、基于相似理论面向保障系统性能的保障性基础技术和基于相似理论面向功能与性能结合的保障性基础技术。前三类技术在以往的研究都有较为深入的研究，最常见是保障性设计准则制定与核查技术、相似系统比较分析技术、保障资源确定技术以及备选保障方案确定技术等。最后一项技术，目前研究尚属空白。

以逻辑分析法为定性分析工具，对应的四类基础技术，即基于逻辑分析法面向功能的保障性基础技术、基于逻辑分析法面向装备性能的保障性基础技术、基于逻辑分析法面向保障系统性能的保障性基础技术和基于逻辑分析法面向功能与性能结合的保障性基础技术。第 1 类、第 3 类技术在以往的研究都有较为深入的研究,最常见是以可靠性为中心分析技术、修理级别分析技术等。围绕装备性能以及功能与性能结合的分析技术,目前研究还尚属空白。

以工作流分析法为定性分析工具,对应的四类基础技术,即基于工作流分析法面向功能的保障性基础技术、基于工作流分析法面向装备性能的保障性基础技术、基于工作流分析法面向保障系统性能的保障性基础技术和基于工作流分析法面向功能与性能结合的保障性基础技术。第 1 类、第 3 类技术在以往的研究都有较为深入的研究,最常见的有使用与维修工作分析技术等。围绕装备性能以及功能与性能结合的分析技术,目前研究还尚属空白。

综合以上分析,保障性基础技术大体上可以归纳为 16 类,这 16 类基础技术作为保障性应用技术型谱中基础技术型谱的技术规格。保障性应用技术型谱还应考虑论证、设计与分析、试验验证以及评估与优化等 4 个方面。据此,可以形成保障性应用技术型谱的基本框架,如表 4 - 9 所列。

表 4 - 9　保障性应用技术型谱

| 寿命阶段活动<br>基础技术型谱 | 论证 | 设计与分析 | 试验验证 | 评估与优化 |
|---|---|---|---|---|
| 基于概率论面向功能的保障性基础技术 | | | | |
| 基于概率论面向装备性能的保障性基础技术 | | | | |
| 基于概率论面向保障系统性能的保障性基础技术 | | | | |
| 基于概率论面向功能与性能结合的维修性基础技术 | | | | |
| 基于相似理论面向功能的保障性基础技术 | | | | |
| 基于相似理论面向装备性能的保障性基础技术 | | | | |
| 基于相似理论面向保障系统性能的保障性基础技术 | | | | |
| 基于相似理论面向功能与性能结合的保障性基础技术 | | | | |
| 基于逻辑分析法面向功能的保障性基础技术 | | | | |
| 基于逻辑分析法面向装备性能的保障性基础技术 | | | | |
| 基于逻辑分析法面向保障系统性能的保障性基础技术 | | | | |

（续）

| 寿命阶段活动<br>基础技术型谱 | 论证 | 设计与分析 | 试验验证 | 评估与优化 |
|---|---|---|---|---|
| 基于逻辑分析法面向功能与性能结合的保障性基础技术 | | | | |
| 基于工作流分析法面向功能的保障性基础技术 | | | | |
| 基于工作流分析法面向装备性能的保障性基础技术 | | | | |
| 基于工作流分析法面向保障系统性能的保障性基础技术 | | | | |
| 以及基于工作流分析法面向功能与性能结合的保障性基础技术 | | | | |

按照表中的保障性应用技术型谱划分，共计形成 64 类应用技术。总体上看，保障性应用技术研究空白比较多。将技术型谱中进一步简化，并在工作层面做细化，可以构建出保障性技术体系，详见附表 3。

## 4.1.4  测试性技术型谱

测试性基础理论技术型谱的规格主要应该考虑研究问题的视角和研究对象。当前测试性研究概括起来主要就是面向功能、面向性能和面向功能与性能结合等 3 个方面。测试性问题研究针对的对象，通常从零件/元器件（单元）、部件/组件、设备、子系统/系统、装备/装备系统、装备基本作战单元、装备最小任务单元、装备作战单元直至装备体系。然而，从测试性研究问题的特点来看，可以将其归结为装备以下层次（含装备）和装备以上层次等两类对象。这样就形成测试性基础理论的技术型谱，如表 4 - 10 所列。

表 4 - 10  测试性基础理论的技术型谱

| 研究视角<br>对象特征 | 面向功能 | | | 面向性能 | | | 面向功能与性能结合 | | |
|---|---|---|---|---|---|---|---|---|---|
| 装备以下层次 | 概念与问题域 | 原理与假设 | 建模方法论 | 概念与问题域 | 原理与假设 | 建模方法论 | 概念与问题域 | 原理与假设 | 建模方法论 |

（续）

| 研究视角<br>对象特征 | 面向功能 | | | 面向性能 | | | 面向功能与性能结合 | | |
|---|---|---|---|---|---|---|---|---|---|
| 装备以<br>上层次 | 概念与<br>问题域 | 原理与<br>假设 | 建模方<br>法论 | 概念与<br>问题域 | 原理与<br>假设 | 建模方<br>法论 | 概念与<br>问题域 | 原理与<br>假设 | 建模方<br>法论 |
| ▨ 研究处于成熟阶段； ▨ 研究处于探索阶段； ▨ 研究处于空白阶段 | | | | | | | | | |

测试性基础理论按技术型谱划分共有 6 类。装备以上层次的测试性问题当前在认识上不是十分清晰，还需要在理论上进行一定的探索。为了便于后续研究基础技术的型谱，将上述基础理论型谱归纳为面向功能的测试性基础理论、面向性能的测试性基础理论和面向功能与性能结合的测试性基础理论等三类。

以三类基础理论的技术型谱为基础，在充分分析基础技术特点的前提下，确立出基础技术的主要使能技术。在定量分析使能技术方面，主要有概率论。在定性分析使能技术方面，主要有工作流分析方法、相似理论和数字/模拟电路原理等。按照上述分析，可以理出在基础理论的技术型谱方面主要有 3 个技术规格，在使能技术方面暂且考虑 4 个技术规格。由此，可以确立测试性基础技术的技术型谱，如表 4 – 11 所列。

表 4 – 11　测试性基础技术的技术型谱

| 基础理论<br>使能技术 | 面向功能的测试<br>性基础理论 | 面向性能的测试<br>性基础理论 | 面向功能与性能结合<br>的测试性基础理论 |
|---|---|---|---|
| 概率论 | 度量 | 度量 | 度量 |
| | 模型与建模方法 | 模型与建模方法 | 模型与建模方法 |
| | 应用方法论 | 应用方法论 | 应用方法论 |
| 相似理论 | 度量 | 度量 | 度量 |
| | 模型与建模方法 | 模型与建模方法 | 模型与建模方法 |
| | 应用方法论 | 应用方法论 | 应用方法论 |
| 数字/模拟电路原理 | 度量 | 度量 | 度量 |
| | 模型与建模方法 | 模型与建模方法 | 模型与建模方法 |
| | 应用方法论 | 应用方法论 | 应用方法论 |

（续）

| 基础理论<br>使能技术 | 面向功能的测试<br>性基础理论 | 面向性能的测试<br>性基础理论 | 面向功能与性能结合<br>的测试性基础理论 |
|---|---|---|---|
| 工作流分析方法 | 度量 | 度量 | 度量 |
| | 模型与建模方法 | 模型与建模方法 | 模型与建模方法 |
| | 应用方法论 | 应用方法论 | 应用方法论 |

▓ 研究处于成熟阶段；　▓ 研究处于探索阶段；　▓ 研究处于空白阶段

　　按照技术型谱的规范,共计可以划分出 12 类基础技术,并分别对应给出每一类技术的内涵,并给予命名。

　　以概率论为定量描述工具,面向功能的测试性基础理论,这类基础技术可以命名为基于概率论面向功能的测试性基础技术；面向性能的测试性基础理论,这类基础技术可以命名为基于概率论面向性能的测试性基础技术。面向功能与性能结合的测试性基础技术,这类基础技术可以命名为基于概率论面向功能与性能结合的测试性基础技术。第 1 类技术在装备以下层次研究比较成熟,第 2 类处于起步阶段,第 3 类还处于空白。

　　以相似理论为定性分析工具,对应的三类基础技术,即基于相似理论面向功能的测试性基础技术、基于相似理论面向性能的测试性基础技术和基于相似理论面向功能与性能结合的测试性基础技术,前两类技术在以往的研究都有较为深入的研究,最常见是测试性设计准则制定与核查技术。

　　以数字/模拟电路原理为定性分析工具,对应的三类基础技术,即基于数字/模拟电路原理面向功能的测试性基础技术、基于数字/模拟电路原理面向性能的测试性基础技术和基于数字/模拟电路原理面向功能与性能结合的测试性基础技术。其中前两类技术研究有一定基础。

　　以工作流分析方法为定性分析工具,对应的三类基础技术,即基于工作流分析方法面向功能的测试性基础技术、基于工作流分析方法面向性能的测试性基础技术和基于工作流分析方法面向功能与性能结合的测试性基础技术。其中第 1 类技术研究有一定的基础。

　　综合以上分析,测试性基础技术大体上可以归纳为 12 类,这 12 类基础技术作为测试性应用技术型谱中基础技术型谱的技术规格。测试性应用技术型谱还应考虑论证、设计与分析、试验验证以及评估与优化等4个方面。据此,可以形成测试性应用技术型谱的基本框架,如表4-12所列。

表4-12 测试性应用技术型谱

| 基础技术型谱 ＼ 寿命阶段活动 | 论证 | 设计与分析 | 试验验证 | 评估与优化 |
|---|---|---|---|---|
| 基于概率论面向功能的测试性基础技术 | | | | |
| 基于概率论面向性能的测试性基础技术 | | | | |
| 基于概率论面向功能与性能结合的测试性基础技术 | | | | |
| 基于相似理论面向功能的测试性基础技术 | | | | |
| 基于相似理论面向性能的测试性基础技术 | | | | |
| 基于相似理论面向功能与性能结合的测试性基础技术 | | | | |
| 基于数字/模拟电路原理面向功能的测试性基础技术 | | | | |
| 基于数字/模拟电路原理面向性能的测试性基础技术 | | | | |
| 基于数字/模拟电路原理面向功能与性能结合的测试性基础技术 | | | | |
| 基于工作流分析方法面向功能的测试性基础技术 | | | | |
| 基于工作流分析方法面向性能的测试性基础技术 | | | | |
| 基于工作流分析方法面向功能与性能结合的测试性基础技术 | | | | |

▨ 研究处于成熟阶段; ▨ 研究处于探索阶段; ▨ 研究处于空白阶段

按照表中的测试性应用技术型谱划分,共计形成48类应用技术。将技术型谱进一步简化,并在工作层面做细化,可以构建出测试性技术体系,详见附表4。

## 4.1.5 安全性技术型谱

安全性基础理论技术型谱的规格主要应该考虑研究问题的视角和研究对象。安全性研究概括起来主要就是面向使用安全、面向故障安全和面向保障安全等 3 个方面。安全性问题研究针对的对象,通常从零件/元器件(单元)、部件/组件、设备、子系统/系统、装备/装备系统、装备基本作战单元、装备最小任务单元、装备作战单元直至装备体系。从安全性研究问题的特点来看,可以将其归结为装备以下层次(含装备)和装备以上层次等两类对象。这样就形成安全性基础理论的技术型谱,如表 4 - 13 所列。

表 4 - 13　安全性基础理论的技术型谱

| 研究视角<br>对象特征 | 面向使用安全 | | | 面向故障安全 | | | 面向保障安全 | | |
|---|---|---|---|---|---|---|---|---|---|
| 装备以<br>下层次 | 概念与<br>问题域 | 原理与<br>假设 | 建模方<br>法论 | 概念与<br>问题域 | 原理与<br>假设 | 建模方<br>法论 | 概念与<br>问题域 | 原理与<br>假设 | 建模方<br>法论 |
| 装备以<br>上层次 | 概念与<br>问题域 | 原理与<br>假设 | 建模方<br>法论 | 概念与<br>问题域 | 原理与<br>假设 | 建模方<br>法论 | 概念与<br>问题域 | 原理与<br>假设 | 建模方<br>法论 |
| ▇ 研究处于成熟阶段;▨ 研究处于探索阶段;▨ 研究处于空白阶段 | | | | | | | | | |

安全性基础理论按技术型谱划分共有六类。装备以上层次的安全性问题当前在认识上不是十分清晰,还需要在理论上进一步探索。为了便于后续研究基础技术的型谱,将上述基础理论型谱归纳为面向使用安全的安全性基础理论、面向故障安全的安全性基础理论和面向保障安全的安全性基础理论等三类。

以三类基础理论的技术型谱为基础,在充分分析基础技术特点的前提下,确立出基础技术的主要使能技术。在定量分析使能技术方面,主要有概率论。在定性分析使能技术方面,主要有逻辑分析法、功能流程分析法和相似理论等。按照上述分析,可以理出在基础理论的技术型谱方面主要有 3 个技术规格,在使能技术方面暂且考虑 4 个技术规格。由此,可以确立测试性基础技术的技术型谱,如表 4 - 14 所列。

表 4 - 14　安全性基础技术的技术型谱

| 基础理论<br>使能技术 | 面向使用安全的安全<br>性基础理论 | 面向故障安全的安全<br>性基础理论 | 面向保障安全的安全<br>性基础理论 |
|---|---|---|---|
| 概率论 | 度量 | 度量 | 度量 |
| | 模型与建模方法 | 模型与建模方法 | 模型与建模方法 |
| | 应用方法论 | 应用方法论 | 应用方法论 |

（续）

| 基础理论<br>使能技术 | 面向使用安全的安全<br>性基础理论 | 面向故障安全的安全<br>性基础理论 | 面向保障安全的安全<br>性基础理论 |
|---|---|---|---|
| 相似理论 | 度量 | 度量 | 度量 |
|  | 模型与建模方法 | 模型与建模方法 | 模型与建模方法 |
|  | 应用方法论 | 应用方法论 | 应用方法论 |
| 逻辑分析法 | 度量 | 度量 | 度量 |
|  | 模型与建模方法 | 模型与建模方法 | 模型与建模方法 |
|  | 应用方法论 | 应用方法论 | 应用方法论 |
| 功能流程分析法 | 度量 | 度量 | 度量 |
|  | 模型与建模方法 | 模型与建模方法 | 模型与建模方法 |
|  | 应用方法论 | 应用方法论 | 应用方法论 |

■ 研究处于成熟阶段； ■ 研究处于探索阶段； ■ 研究处于空白阶段

按照技术型谱的规范,共计可以划分出 12 类基础技术,并分别对应给出每一类技术的内涵,并给予命名。

以概率论为定量描述工具,对应的三类基础技术,即基于概率论面向使用安全的安全性基础技术、基于概率论面向故障安全的安全性基础技术和基于概率论面向保障安全的安全性基础技术。第 2 类技术在装备以下层次研究比较成熟,第 1 类、第 3 类还处于空白。

以相似理论为定性分析工具,对应的三类基础技术,即基于相似理论面向使用安全的安全性基础技术、基于相似理论面向故障安全的安全性基础技术和基于相似理论面向保障安全的安全性基础技术。三类技术在以往的研究都有比较好的基础,最常见是安全性设计准则制定与核查技术。

以逻辑分析法为定性分析工具,对应的三类基础技术,即基于逻辑分析法面向使用安全的安全性基础技术、基于逻辑分析法面向故障安全的安全性基础技术和基于逻辑分析法面向保障安全的安全性基础技术。前两类技术在以往的研究都有一定的基础,如事件树分析技术。

以功能流程分析法为定性分析工具,对应的三类基础技术,即基于功能流程分析法面向使用安全的安全性基础技术、基于功能流程分析法面向故障安全的安全性基础技术和基于功能流程分析法面向保障安全的安全性基础技术。第 2 类技术在以往的研究都有一定的基础。

综合以上分析,安全性基础技术大体上可以归纳为 12 类,这 12 类基础技术作为安全性应用技术型谱中基础技术型谱的技术规格。安全性应用技术型谱还应考虑论证、设计与分析、试验验证以及评估与优化等 4 个方面。据此,可以形成安全性应用技术型谱的基本框架,如表 4 – 15 所列。

表 4 – 15　安全性应用技术型谱

| 基础技术型谱 ＼ 寿命阶段活动 | 论证 | 设计与分析 | 试验验证 | 评估与优化 |
|---|---|---|---|---|
| 基于概率论面向使用安全的安全性基础技术 | | | | |
| 基于概率论面向故障安全的安全性基础技术 | | | | |
| 基于概率论面向保障安全的安全性基础技术 | | | | |
| 基于相似理论面向使用安全的安全性基础技术 | | | | |
| 基于相似理论面向故障安全的安全性基础技术 | | | | |
| 基于相似理论面向保障安全的安全性基础技术 | | | | |
| 基于逻辑分析法面向使用安全的安全性基础技术 | | | | |
| 基于逻辑分析法面向故障安全的安全性基础技术 | | | | |
| 基于逻辑分析法面向保障安全的安全性基础技术 | | | | |
| 基于功能流程分析法面向使用安全的安全性基础技术 | | | | |
| 基于功能流程分析法面向故障安全的安全性基础技术 | | | | |
| 基于功能流程分析法面向保障安全的安全性基础技术 | | | | |

　研究处于成熟阶段;　研究处于探索阶段;　研究处于空白阶段

按照表中的安全性应用技术型谱划分,共计形成 48 类应用技术。将技术型谱中进一步简化,并在工作层面做细化,可以构建出安全性技术体系,详见附表 5。

## 4.2　装备保障系统技术型谱

装备保障系统技术主要指的是研究保障系统要素相互作用定性定量关系的相关技术,其基础理论技术型谱的规格主要应该考虑研究问题的视角和研究对象。保障系统技术的研究视角概括起来主要就是面向功能、面向性能和面向功能与性能结合等 3 个方面。研究对象通常从是设备、子系统/系统、装备/装备系统、装备基本作战单元、装备最小任务单元、装备作战单元直至装备体系等级别的保障系统。从研究问题的特点来看,可以将其归结为装备以下层次(含装备)保障系统以及装备以上层次的保障系统等 2 类对象。这样就形成装备保障系统基础理论的技术型谱,如表 4 - 16 所列。

表 4 - 16　装备保障系统基础理论的技术型谱

| 研究视角<br>对象特征 | 面向功能 | | | 面向性能 | | | 面向功能与性能结合 | | |
|---|---|---|---|---|---|---|---|---|---|
| 装备以<br>下层次 | 概念与<br>问题域 | 原理与<br>假设 | 建模方<br>法论 | 概念与<br>问题域 | 原理与<br>假设 | 建模方<br>法论 | 概念与<br>问题域 | 原理与<br>假设 | 建模方<br>法论 |
| 装备以<br>上层次 | 概念与<br>问题域 | 原理与<br>假设 | 建模方<br>法论 | 概念与<br>问题域 | 原理与<br>假设 | 建模方<br>法论 | 概念与<br>问题域 | 原理与<br>假设 | 建模方<br>法论 |

▨ 研究处于成熟阶段;　▨ 研究处于探索阶段;　▨ 研究处于空白阶段

保障系统的基础理论按技术型谱划分共有 6 类。针对性能方面的综合技术研究当前在认识上不是十分清晰,还需要在理论上进一步探索。为了便于后续研究基础技术的型谱,将上述基础理论型谱归纳为面向功能的保障系统基础理论、面向性能的保障系统基础理论和面向功能与性能结合的保障系统基础理论等三类。

以三类基础理论的技术型谱为基础,在充分分析基础技术特点的前提下,确立出基础技术的主要使能技术。在定量分析使能技术方面,主要有概率论。在定性分析使能技术方面,主要有相似理论等。按照上述分析,可以理出在基础理论的技术型谱方面主要有 3 个技术规格,在使能技术方面暂且考虑两个技术规格。由此,可以确立装备保障系统基础技术的技术型谱,如表 4 - 17 所列。

表 4 - 17　装备保障系统基础技术的技术型谱

| 基础理论<br>使能技术 | 面向功能的保障系统<br>基础理论 | 面向性能的保障系统<br>基础理论 | 面向功能与性能结合的<br>保障系统基础理论 |
|---|---|---|---|
| 概率论 | 度量 | 度量 | 度量 |
| | 模型与建模方法 | 模型与建模方法 | 模型与建模方法 |
| | 应用方法论 | 应用方法论 | 应用方法论 |

（续）

| 基础理论 使能技术 | 面向功能的保障系统基础理论 | 面向性能的保障系统基础理论 | 面向功能与性能结合的保障系统基础理论 |
|---|---|---|---|
| 相似理论 | 度量 | 度量 | 度量 |
| | 模型与建模方法 | 模型与建模方法 | 模型与建模方法 |
| | 应用方法论 | 应用方法论 | 应用方法论 |
| ▨ 研究处于成熟阶段；▨ 研究处于探索阶段；▨ 研究处于空白阶段 | | | |

按照技术型谱的规范，共计可以划分出 6 类基础技术，并分别对应给出每一类技术的内涵，并给予命名。

以概率论为定量描述工具，对应的三类基础技术，即基于概率论面向功能的保障系统基础技术、基于概率论面向性能的保障系统础技术，第 2 类技术在装备以下层次研究相对比较成熟。基于概率论面向功能与性能结合的保障系统基础技术研究比较薄弱。

以相似理论为定性分析工具，对应的三类基础技术，即基于相似理论面向功能的保障系统基础技术、基于相似理论面向性能的保障系统基础技术，第 2 类技术在装备以下层次研究相对比较成熟。基于相似理论面向功能与性能结合的保障系统基础技术研究处于探索阶段。

综合以上分析，保障系统基础技术大体上可以归纳为 6 类，这 6 类基础技术作为保障系统应用技术型谱中基础技术型谱的技术规格。保障系统应用技术型谱应考虑论证、设计与分析、试验验证以及评估与优化等 4 个方面。据此，可以形成装备保障系统应用技术型谱的基本框架，如表 4 – 18 所列。

表 4 – 18　装备保障系统应用技术型谱

| 寿命阶段活动 基础技术型谱 | 论证 | 设计与分析 | 试验验证 | 评估与优化 |
|---|---|---|---|---|
| 基于概率论面向功能的保障系统基础技术 | | | | |
| 基于概率论面向性能的保障系统基础技术 | | | | |
| 基于概率论面向功能与性能结合的保障系统基础技术 | | | | |
| 基于相似理论面向功能的保障系统基础技术 | | | | |
| 基于相似理论面向性能的保障系统基础技术 | | | | |

（续）

| 寿命阶段活动<br>基础技术型谱 | 论证 | 设计与分析 | 试验验证 | 评估与优化 |
|---|---|---|---|---|
| 基于相似理论面向功能与性能结合的保障系统基础技术 | | | | |
| ■ 研究处于成熟阶段；　■ 研究处于探索阶段；　■ 研究处于空白阶段 | | | | |

按照表中的应用技术型谱划分，共计形成 24 类应用技术。将技术型谱中进一步简化，并在工作层面做细化，可以构建出装备保障系统技术体系，详见附表 6。

## 4.3　装备保障工程综合技术型谱

装备保障工程综合技术主要指的是战备完好性和任务持续性的相关技术，其基础理论技术型谱的规格主要应该考虑研究问题的视角和研究对象。综合技术研究概括起来主要就是面向功能、面向性能和面向功能与性能结合等 3 个方面。研究对象通常从是设备、子系统/系统、装备/装备系统、装备基本作战单元、装备最小任务单元、装备作战单元直至装备体系。从研究问题的特点来看，可以将其归结为装备以下层次（含装备）以及装备以上层次等两类对象。这样就形成装备保障工程综合技术基础理论的技术型谱，如表 4 – 19 所列。

表 4 – 19　装备保障工程综合技术基础理论的技术型谱

| 研究视角<br>对象特征 | 面向功能 | | | 面向性能 | | | 面向功能与性能结合 | | |
|---|---|---|---|---|---|---|---|---|---|
| 装备以<br>下层次 | 概念与<br>问题域 | 原理与<br>假设 | 建模方<br>法论 | 概念与<br>问题域 | 原理与<br>假设 | 建模方<br>法论 | 概念与<br>问题域 | 原理与<br>假设 | 建模方<br>法论 |
| 装备以<br>上层次 | 概念与<br>问题域 | 原理与<br>假设 | 建模方<br>法论 | 概念与<br>问题域 | 原理与<br>假设 | 建模方<br>法论 | 概念与<br>问题域 | 原理与<br>假设 | 建模方<br>法论 |
| ■ 研究处十成熟阶段；　■ 研究处于探索阶段；　■ 研究处于空白阶段 | | | | | | | | | |

综合技术的基础理论按技术型谱划分共有六类。针对性能方面的综合技术研究当前在认识上不是十分清晰，还需要在理论上进一步探索。为了便于后

续研究基础技术的型谱,将上述基础理论型谱归纳为面向功能的装备保障工程性综合基础理论、面向性能的装备保障工程综合技术基础理论和面向功能与性能结合的装备保障工程综合技术基础理论等三类。

以三类基础理论的技术型谱为基础,在充分分析基础技术特点的前提下,确立出基础技术的主要使能技术。在定量分析使能技术方面,主要有概率论。在定性分析使能技术方面,主要有相似理论等。按照上述分析,可以理出在基础理论的技术型谱方面主要有 3 个技术规格,在使能技术方面暂且考虑两个技术规格。由此,可以确立装备保障工程综合基础技术的技术型谱,如表 4 - 20 所列。

表 4 - 20　装备保障工程综合基础技术的技术型谱

| 基础理论<br>使能技术 | 面向功能的装备保障<br>工程综合基础理论 | 面向性能的装备保障<br>工程综合基础理论 | 面向功能与性能结合的<br>装备保障工程综合基础理论 |
|---|---|---|---|
| 概率论 | 度量 | 度量 | 度量 |
| | 模型与建模方法 | 模型与建模方法 | 模型与建模方法 |
| | 应用方法论 | 应用方法论 | 应用方法论 |
| 相似理论 | 度量 | 度量 | 度量 |
| | 模型与建模方法 | 模型与建模方法 | 模型与建模方法 |
| | 应用方法论 | 应用方法论 | 应用方法论 |

■ 研究处于成熟阶段;　■ 研究处于探索阶段;　■ 研究处于空白阶段

按照技术型谱的规范,共计可以划分出 6 类基础技术,并分别对应给出每一类技术的内涵,并给予命名。

以概率论为定量描述工具,对应的三类基础技术,即基于概率论面向功能的装备保障工程综合基础技术、基于概率论面向性能的装备保障工程综合基础技术和基于概率论面向功能与性能结合的装备保障工程综合基础技术。第 1 类技术在装备以下层次研究比较成熟。

以相似理论为定性分析工具,对应的三类基础技术,即基于相似理论面向功能的装备保障工程综合基础技术、基于相似理论面向性能的装备保障工程综合基础技术和基于相似理论面向功能与性能结合的装备保障工程综合基础技术。第 1 类技术研究处于探索阶段。

综合以上分析,装备保障工程综合基础技术大体上可以归纳为6类,这6类基础技术作为装备保障工程综合应用技术型谱中基础技术型谱的技术规格。装备保障工程综合应用技术型谱应考虑论证、设计与分析、试验验证和评估与优化等4个方面。据此,可以形成装备保障工程综合应用技术型谱的基本框架,如表4-21所列。

表4-21　装备保障工程综合应用技术型谱

| 寿命阶段活动<br>基础技术型谱 | 论证 | 设计与分析 | 试验验证 | 评估与优化 |
|---|---|---|---|---|
| 基于概率论面向功能的装备保障工程综合基础技术 | | | | |
| 基于概率论面向性能的装备保障工程综合基础技术 | | | | |
| 基于概率论面向功能与性能结合的装备保障工程综合基础技术 | | | | |
| 基于相似理论面向功能的装备保障工程综合基础技术 | | | | |
| 基于相似理论面向性能的装备保障工程综合基础技术 | | | | |
| 基于相似理论面向功能与性能结合的装备保障工程综合基础技术 | | | | |

　■ 研究处于成熟阶段;　■ 研究处于探索阶段;　■ 研究处于空白阶段

按照表中的应用技术型谱划分,共计形成24类应用技术。将技术型谱进一步简化,并在工作层面做细化,可以构建出装备保障工程综合技术体系,详见附表7。

# 第5章 装备保障工程技术型谱
# 管理系统设计实现

## 5.1 需求分析

装备保障工程技术型谱系统(ESETSS),主要通过计算机辅助构建装备保障工程技术型谱,按照装备保障工程技术领域的技术体系划分,包括基础理论型谱、使能技术型谱、基础技术型谱和应用技术型谱,并对相关数据进行管理和维护。为此该系统应能达到如下要求:

(1)工程适用性:软件的运行与使用应符合相应规程,符合研制工作条例及相关标准,并支持多用户、多任务的并行工作。

(2)用户友好性:软件应采用图形用户接口(GUI)方式实现系统的人机交互功能,同时还应该向用户提供正确、完整的设计分析技术的咨询,并以自动或向导的方式指导用户按规范化的步骤完成 RMS 技术型谱构建。

(3)开放性和扩充性:软件应具有良好的开放性和可扩充性,可方便地向系统中扩充基础数据和软件工具。

## 5.2 软 件 结 构

装备保障工程技术型谱系统分为 6 个方面 8 个模块。用户可对各模块进行编辑、视图浏览和窗口内容修改等操作,如图 5-1 所示。8 个模块分别为技术型谱模块、版本管理模块、统计模块、型谱框架数据模块、基础数据字典模块、用户管理模块、框架管理模块和帮助系统模块。

技术型谱模块:用于完成型谱维度的选择和型谱的创建与修改等功能。

版本管理模块:用于完成不同用户对同一型谱不同的研究意见的保存和同

一用户对同一型谱不同意见的存储。

统计模块:用于完成通过柱形图和饼图等方式对型谱的分析和统计,并可导出打印,为今后对该型谱的分析提供理论依据。

型谱框架数据模块:用于完成对底层框架数据的编辑。

基础数据字典模块:用于完成对基础数据的编辑。

用户管理模块:用于完成对用户的权限以及为用户提供注册、修改密码等功能。

框架管理模块:用于完成对框架维度的管理。

帮助系统模块:用于完成引导用户使用该系统。

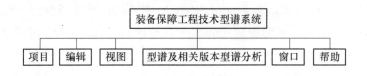

图 5 - 1  软件结构图

## 5.3  使 用 流 程

用户登录本系统后,可浏览和创建新型谱,浏览型谱有两种方式,浏览一个已有型谱也可浏览由不同用户创建的不同版本的型谱,或浏览该用户在不同时期创建的不同版本的型谱。若创建新型谱,则首先选择创建型谱的维度,在创建一个空的型谱,用户可通过自己的分析和认知填写各子型谱的研究成熟度等情况,最后还可打印、分析型谱的分布情况,为今后该领域的研究提供理论依据。装备保障工程技术型谱管理系统的使用流程如图 5 - 2 所示。

用户可为要创立的技术型谱选择型谱维度,并输入相应的型谱信息,从而构成一个内容完整的技术型谱。

(1) 选择要新建技术型谱的维度(基础理论型谱和基础技术型谱),并显示该维度下所对应的具体实例(图 5 - 3)。

(2) 通过上面所选的维度,自动生成技术型谱,用户根据每一个子型谱研究情况为其添加研究的相关信息,从而形成一个完成的技术型谱(图 5 - 4)。

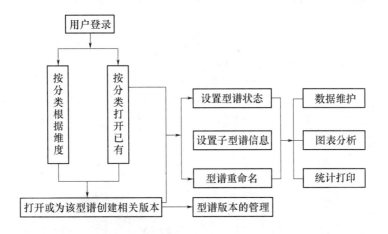

图 5 - 2　装备保障工程技术型谱管理系统的使用流程

图 5 - 3　选择技术型谱维度

（3）为每一个基础理论型谱中的子型谱添加研究信息，为该型谱提供相关的理论依据，如给出该型谱技术成熟度的等级以及主要来源和成果（图 5 - 5）。

（4）为每一个基础技术型谱中的子型谱添加研究信息，为该型谱提供相关的理论依据，如给出该型谱技术成熟度的等级以及主要来源和成果（图 5 - 6）。

图 5-4　技术型谱三维表

图 5-5　型谱信息窗口

图 5-6　基础技术信息窗口

# 5.4　技术型谱的功能模块

## 5.4.1　版本管理模块

用户可浏览已建立的技术型谱的版本内容,并可对其进行编辑,另存为其他研究版本(图 5-7、图 5-8)。

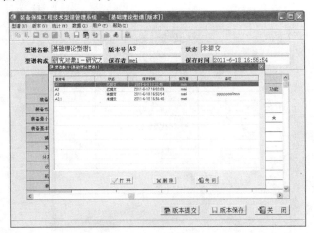

图 5-7　版本浏览窗口

图 5-8　浏览版本型谱

## 5.4.2　统计模块

本窗口显示已打开技术型谱中各子型谱的研究状况的分布统计图,为讨论技术型谱研究情况提供依据(图 5-9)。

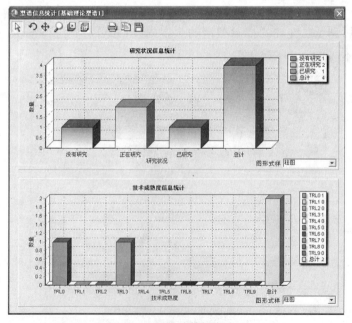

图 5-9　统计数据窗口

### 5.4.3　用户管理模块

系统有唯一的超级用户用于为使用该系统的用户分配用户、用户密码和使用权限,同时也可修改用户密码(图 5 - 10)。

图 5 - 10　用户管理窗口

### 5.4.4　数据字典维护

本模块实现对系统数据的维护功能,包括型谱维度数据的维护以及技术型谱基础数据的维护。

(1)型谱框架数据字典(图 5 - 11)。

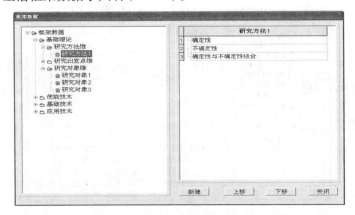

图 5 - 11　装备数据描述字典窗口

(2)基础数据字典(图 5 - 12)。

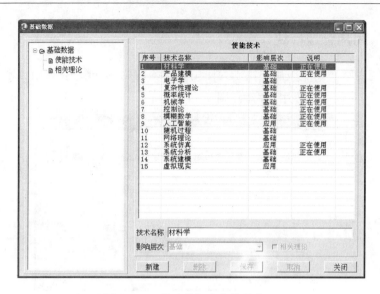

图 5 – 12　基础数据字典维护窗口

## 5.4.5　使用说明模块

本模块描述了系统的使用功能(图 5 – 13)。

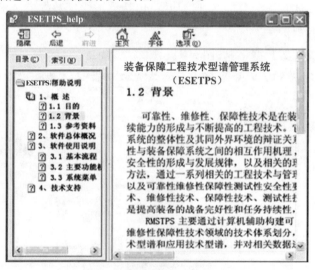

图 5 – 13　打开后的装备保障工程技术型谱的帮助文件

# 第6章　装备保障特性工程技术型谱应用

## 6.1　技术型谱用于确定技术发展重点的方法

　　重点发展技术确定要着重从装备能力的提高对技术发展需求、使能技术发展对技术能力推动的影响和技术领域自身发展完善等几个方面考虑。装备能力提高对技术发展的需求方面,可以通过分析研究当前我国技术领域发展现状,确定当前的技术型谱状态。对比分析外军相应的装备能力水平以及对应的技术领域发展状态,初步确定出外军相应状态下的技术型谱,对比两个技术型谱之间的差距可以大致确定出需要发展的应用技术,由应用技术向上反推可以逐步确定出需要发展的基础技术、基础理论等。使能技术发展对技术能力推动的影响方面,可以通过探索分析与规划以及适当的演示验证,可以确定出适用的使能技术,运用基础使能技术与技术手段的交叉可以分析出基础技术发展的需求,运用应用使能技术与基础技术型谱交叉可以发现应用技术发展的需求。

　　技术领域自身发展完善方面,可以通过分析单一技术型谱查找技术的缺项,明确这一技术型谱中要完善的技术发展需求,同时考虑到基础理论型谱、使能技术型谱、基础技术型谱以及应用技术型谱之间存在的密切关系,还应该对各型谱之间的关系进行认真分析,查找连接不上的漏缺,从而确立要完善的技术。

　　综合上述技术发展需求,可以容易地将这些技术按照瓶颈技术、关键技术、前沿技术和新兴技术进行归类,从而为制定技术发展路线图奠定基础,如图6-1所示。下面以装备保障特性工程技术为例,简单分析并示例确定技术发展重点。

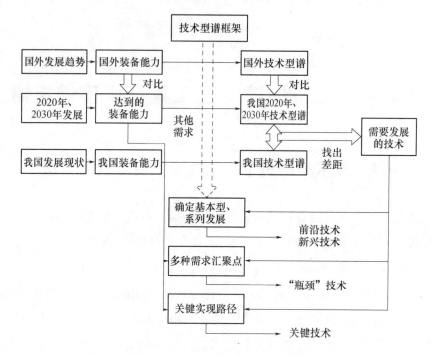

图 6 - 1　重点发展技术的确定方法

# 6.2　装备保障特性工程技术发展现状与差距分析

## 6.2.1　可靠性现状与差距

### 1. 国外研究现状

从第二次世界大战时期首次提出可靠性概念至今,可靠性技术不断成长、壮大,其每一个技术分支大都经历了基础理论研究、基础技术转化为工程应用技术的过程,总结起来,可靠性技术的发展大致经历了如下几个阶段:

(1) 起步阶段:主要对以电子管为重点的电子元件、器件进行现场数据收集和分析;研究寿命试验方法并成立专门的可靠性组织。

20 世纪 50 年代初,可靠性工程在美国兴起。当时美国的军用电子设备由于失效率很高而面临着十分严重的局面。1952 年,美国国防部下令成立由军方、工业界及学术界组成电子设备可靠性顾问组(Advisory Group on Reliability

106

of Electronic Equipment,AGREE)。1955 年,AGREE 给政府提出了有关电子元件提高可靠性的 9 项建议。1957 年,提出了著名的 AGREE 报告《电子装备的可靠性》,该报告极为广泛、系统、深入地提出了如何解决产品可靠性问题的一系列办法,成为以后美国一系列军标的基础。这些标准成为世界各国及世界组织制定有关可靠性技术文件的依据。

（2）统计试验阶段:主要研制环境与可靠性试验设备;开展产品统计抽样寿命试验;制订电子产品可靠性标准和可靠性组织、管理规范;建立可靠性数据收集和交换系统。

20 世纪 60 年代是世界经济发展较快的年代。在美国的带动下,可靠性技术得到了全面、迅速的发展。其主要表现是继续制定、修订了一系列有关可靠性的军标、国标和国标标准,如 MIL – HDBK – 217、MIL – STD – 781 和 MIL – STD – 785。在这些新一代装备的研制中,都不同程度地制定了较完善的可靠性大纲;深入地进行了可靠性基础理论、工程方法的研究;开发了加速寿命试验、快速筛选试验中更有效的试验方法;开发了按系统功能、按参数预计和蒙特卡罗模拟法等可靠性预计技术;开拓了旨在研究失效机理的可靠性物理的新学科;发展了实效模式影响及危害性分析(FMECA)和故障树分析(FTA)两种有效的系统可靠性分析技术;开展了机械可靠性的研究;开展了维修性、人的可靠性和安全性的研究;建立了更有效的数据系统。

（3）可靠性物理研究阶段:这一阶段主要分析元件、器件失效机理;加强可靠性设计与工艺研究,建立高可靠元件、器件生产线,研究加速寿命试验的方法。

20 世纪 70 年代,可靠性设计、制造、试验的新技术进一步得到发展,如更严格的简化和降额设计,因而其可靠性大为提高;发展了计算机辅助可靠性设计,包括复杂电子系统的可靠性预计以及精确的热分析和热设计;研究非电子设备(机械和机电设备)的可靠性设计和试验;采用组合环境应力试验,如温度—湿度—振动试验,以便更真实地模拟环境;开展了加速环境应力筛选试验、可靠性增长试验和加速寿命试验等。由于计算机技术的飞速发展,开始重视软件可靠性的研究。

（4）系统保证阶段:建立保证产品可靠性的管理制度,形成质量保证系统,建立电子元件、器件可靠性认证制度;发展可靠性试验技术和改进可靠性标准。

　　近年来，为了提高武器系统的可靠性，美国国防部联合工业界出台了一系列的标准指南，以确保武器系统设计、开发、试验、生产、部署和保障等一系列可靠性工程活动的实施。2007 年 10 月到 2008 年 7 月，DoD 与企业和政府电子与信息技术协会（GEIA）紧密合作进行新标准 ANSI/GEIA – STD – 0009《系统设计、开发与生产的可靠性大纲标准》的制定工作，以满足 DoD 合同对新可靠性大纲标准的迫切需要，并把可靠性增长作为设计和研制的一个组成部分。2008 年 12 月颁布的 DoD 指令 5000. 02 进一步表示"所有项目都应该制定一个可行的可靠性、可用性和维修性（RAM）策略，其中将可靠性增长计划作为设计和开发的一个组成部分。"2011 年 6 月，DoD 发布了新的可靠性增长管理手册 MIL – HDBK – 189C，为采购机构和承包商在装备研制中采用的各种可靠性增长模型和方法提供指导。

**2. 国内研究现状**

　　我国可靠性技术研究与应用起始于 20 世纪 60 年代，最早是由电子工业部门开始可靠性工作。在自主发展"两弹一星"过程中，钱学森同志提出"可靠性是设计出来的、生产出来的和管理出来的"这一著名论断，奠定了可靠性工程的思想基础。

　　在 20 世纪 60 年代初，我国工业部门进行了有关可靠性评估的开拓性工作。20 世纪 70 年代初，航天部门首先提出了电子元器件必须经过严格筛选。20 世纪 70 年代中期，由于中日海底电缆工程的需要，提出高可靠性元器件验证试验的研究，促进了我国可靠性数学的发展。从 1984 年开始，在国防科工委的统一领导下，结合中国国情并积极汲取国外的先进技术，组织制定了一系列关于可靠性的基础规定和标准。1985 年 10 月国防科工委颁发的《航空技术装备寿命与可靠性工作暂行规定》，是我国航空工业可靠性工程全面进入工程实践和系统发展阶段的一个标志。

　　1987 年 5 月，国务院、中央军委颁发《军工产品质量管理条例》明确了在产品研制中要运用可靠性技术；1988 年 3 月颁发的国家军用标准 GJB 450—88《装备研制与生产的可靠性通用大纲》（目前已修订为 GJB 450A），可以说是目前我国军用产品可靠性技术具有代表性的基础标准。

　　与此同时，各有关工业部门、军兵种越来越重视可靠性管理，加强可靠性信息数据和学术交流活动。当前无论是从可靠性工程管理、型号工程还是从技术预先研究各方面都加强了可靠性共性技术预研,开辟了我国该项技术发展的新领域,取得较大进展和显著效果。重点型号装备均制定可靠性设计准则,开展了故障模式影响分析及故障树分析等工作,对部分关键设备开展了可靠性试验。通过"暴露—分析—改进",有效消除了设计中的隐患;在型号装备中贯彻和推进"有效技术最少项目清单",较普遍地应用了"大纲及评审""元器件控制""分配及预计""RMS 设计准则""故障模式影响分析及故障树分析""环境应力筛选"和"故障报告、分析和纠正措施系统"等。并且,全国军用电子设备可靠性数据交换网已经成立,全国性和专业系统性的各级可靠性学会相继成立,进一步促进了我国可靠性理论技术研究的深入展开。

1990 年以后,部队提出了"转变观念,把可靠性放在与性能同等重要的地位"战略思想,制定颁布了《武器装备可靠性维修性管理规定》等顶层文件,在研型号特别是专项工程开始在研制过程中推广普及基于概率统计的可靠性技术。

2000 年以来,我国各界人士基本都对可靠性的重要性达成了共识,并对可靠性技术提出了更高的要求。这一时期,我国的武器装备可靠性工程取得了初步成效,主要表现在:

(1) 观念不断地转变,制定了适当的政策和规范,管理和技术队伍逐渐发展壮大。

(2) 施行了适合我国国情的定性和定量设计方针,并不断开辟新的领域,使可靠性工程应用到航空、航天等各种装备的设计和研制中。

(3) 重视可靠性设计的同时,广泛开展可靠性试验,如环境应力筛选、可靠性增长试验、可靠性强化试验、加速寿命试验等。

(4) 从电子设备的可靠性研究开始,发展到重视机械设备、光电设备及其他非电子设备的可靠性研究,全面提高武器装备的可靠性等。

**3. 主要差距**

经过不断地完善和发展,我国的装备可靠性工作取得了长足的进步,但与国外先进发达国家和组织相比,尚有一定的差距,主要表现在以下几个方面:

(1) 可靠性设计与产品设计脱节。可靠性是设计出来的,为从设计源头抓好和规范武器装备的可靠性工作,武器装备的可靠性设计与性能设计必须同步进行,才能保证设计相关要求真正得到落实,而当前我国存在可靠性设计与产品设计严重脱节的问题,这主要是由于产品设计师缺乏可靠性设计意识和对可靠性设计技术的了解,使得产品设计过程中未融合可靠性技术,可靠性技术应用流于表面,尤其是针对武器装备产品特点的可靠性设计技术的应用非常匮乏,导致产品薄弱环节的暴露常常滞后于设计,带来设计返工、更改等一系列问题。

(2)可靠性标准体系不够完善。目前,国内可靠性领域已有 GJB 1909A、GJB 450A 等顶层指导文件,也有 GJB/Z 1391、GJB/Z 768A、GJB 899A 等各可靠性工作项目的指导性文件,但随着新技术、新试验和新方法的产品,原有的可靠性标准体系已不能适应我国武器装备的可靠性工程应用,亟需添加新的可靠性标准,并对可靠性标准体系进行新一轮的更新与完善。

(3)可靠性智能化应用较少。当前,国内多家单位开发了 RMS 设计软件,如中国电子科技集团公司第 5 研究所开发的 CARMES,北京航空航天大学开发的可维 ARMS 等,这些软件都提供了可靠性管理和可靠性分配、预计及 FTA、寿命分析等可靠性设计分析功能,从工程应用角度,能够基本满足武器系统产品的可靠性设计,同时,对有限元分析、热分析、潜通路分析等可靠性工作项目,各领域也有专门的智能软件,但限于软件配备、可靠性仿真工作推广力度不够等多方面因素,导致目前可靠性设计软件工具在武器系统的研制过程中的应用较少,可靠性设计效率低,与外界可靠性发展技术应用现状严重脱节。

(4)可靠性数据的积累和挖掘不足。国外可靠性数据资源建设起步早,积累的数据种类多、成系统,形成的数据手册和数据库较为贴合装备研制实际使用需求,利用率高、影响大,对装备的可靠性设计工作的支撑作用显著。我国数据资源建设起步较晚,积累的数据种类少、数量有限,且形成的数据手册和数据库与装备研制单位的需求存在一定的差距,还不能满足装备研制的需要。

另外,武器装备积累的基础信息数据和文件,存在没有实现集中管理、有效分析、资源共享的问题,以往可靠性工作成果基本未能发挥为未来型号设计提供宝贵数据、经验的作用,只有全面对积累的可靠性数据进行挖掘,寻找武器装备薄弱环节、固有缺陷、故障模式的内在机理,才能从设计源头上解决可靠性问题,提高工程能力。

## 6.2.2 维修性现状与差距

### 1. 国外研究现状

维修性技术迄今为止大约经历了近 50 年的发展历程。它起源于美国,最初只是作为可靠性工程的一个组成部分,所以有人称维修性为高等可靠性工程,或认为广义的可靠性中包含有维修性。

20 世纪 50 年代中期,随着军用电子设备复杂性的提高,武器装备维修工作量大、费用高,大约每 250 个电子管就需要一个维修人员,美国国防部每天要花2500 美元用于各种武器装备的维修,每年约 90 亿美元,占国防预算的 25%。因此,维修性问题引起了美国军方的高度重视。美军对维修性的研究日趋活跃,美国罗姆航空发展中心和航空医学研究所等部门开展了维修性设计研究,提出了设置电子设备维修检查窗口、测试点、显示及控制器等措施,从设计上改进电子设备的维修性。1959 年,美国颁发了有关维修性的第一个军用标准(规范)MIL – M –26512《美国空军航空空间系统与设备维修性要求》,标志着维修性学科的诞生。

20 世纪 60 年代初,维修性的研究重点主要集中在装备设计的维修性特点或技术措施方面,这个时期的代表著作有 1962 年美国陆军器材司令部出版的工程设计手册丛书中的《维修性设计指导》。该书论述了装备设计中维修性活动的目标、程序和技术,详细地阐述了维修性的特征要求、技术措施和技术条件,指出了不同军用装备的维修性设计的特点,本书 1972 年在美国再次出版。20 世纪 60 年代中后期,维修性的研究开始转向了定量化,提出了以维修时间作为维修性的定量度量参数。通过对维修过程的分析,把维修时间进一步分解为不能工作时间、修理时间和行政延误时间等时间单元,并指出对大部分设备而言,维修时间服从对数正态分布,提出了维修时间分布的平均值和 90%(95%)的百分位值作为维修性的度量参数,为定量预计武器装备的维修性,控制维修性设计过程,验证维修性设计结果奠定了基础。在这些基础上,美国陆、海、空军都分别制定了武器装备维修性管理、验证和预计规范,来保证所研制的武器装备具有要求的维修性。这个时期维修性的研究着眼于应用概率论和数理统计工具,借鉴可靠性工程的方法,在维修性分配、预计、试验、评定等技术上取得了重大成就。1966 年,美国国防部先后颁布了 MIL – STD – 470《维修性大纲要求》、MIL – STD – 471《维修性验证、演示和评估》和 MIL – HDBK – 472《维修性预计》3 个维修性技术文件,这 3 个文件的颁布和实施标志着维修性已成为一门独立的学科。

在 20 世纪 70 年代,随着半导体集成电路和数字技术的迅速发展,军用电子设备的设计与维修任务发生了很大的变化,设备的自测试、机内测试和故障诊断的概念及重要性引起了设备设计师和维修性工程师的关注。电子设备维修的重点已从过去的拆卸及更换转到故障检测和隔离,故障诊断能力、机内测试成为维修性设计的重要内容。机内测试技术相继在航空电子设备和其他军用电子设备中得到应用,成为改善航空电子设备维修性的重要途径。到 1975 年由 Ligour 等人提出了测试性的概念,并在诊断电路设计等领域得到应用,引起了美国军方的重视。为了进一步加强测试性问题的研究,1978 年美国国防部成立了测试性技术协调小组,负责测试性研究计划的组织、协调和实施。

20 世纪 80 年代中期,美国国防部颁布了 MIL – STD – 470A《系统及设备维修性管理大纲》,强调测试性是维修性大纲的一个重要组成部分,认为机内测试和外部测试不仅对维修性设计产生重大的影响,而且影响到武器装备的寿命周期费用。随后不久,美国国防部颁布了 MIL – STD – 2165《电子系统及设备的测试性大纲》,规定了电子系统及设备在各研制阶段中应实施的测试性分析、设计及验证的要求和方法,这标志着测试性开始独立于维修性成为一门新的学科。随着维修性、测试性工程技术方法的完善以及在工程实践中应用的不断深入,维修性、测试性技术方法应用的计算机辅助化和智能化的需求开始凸现,尤其是传统设计专业的计算机辅助设计的工具和专家系统的使用,使得这一需求变得更加迫切。因此,美军依托国内的研究机构大力加强可靠性、维修性、保障性工作计算机辅助的研究,到 20 世纪 90 年代中期达到与机械、电子计算机辅助设计相当的水平。经过多年的研究,美军实现了预定的目标,先后开发了可靠性、维修性、保障性大纲裁剪的专家系统(RMSTAILOR),可靠性维修性计算机辅助设计系统(RAMCAD),通用 RAM 分析平台(MSIX),RAM 建模、分析与决策支持专家系统(RAMES),自动化后勤保障分析工具(ALSAT),RAM 需求软件系统(RAMREQ)和维修性可视化分析工具(CREWCHIEF,DEPTH,MAW)等。同时,以此研究为基础的商业软件也开始推向市场,这些工作较好地解决了维修性、测试性工程技术运用的手段问题,极大地提高了维修性、测试性工程技术应用的深度和广度。

20 世纪 90 年代中后期,随着虚拟现实技术和产品数据管理技术的快速发展和广泛应用,维修性工程技术又迎来了一个新的发展机遇。研究基于虚拟样机进行维修性分析评价和基于并行工程理念把维修性设计与产品传统设计过程进行集成成为这一时期维修性工程技术研究的突出特征。美军先后在 F22 和 JSF 战斗机上运用虚拟现实技术进行维修性分析与评价,取得了很好的效果,大大地提高了这两个型号的维修性设计水平。同时,美国是承担型号研制任务的大型企业,基于产品数据管理平台(PDM)开始集成可靠性、维修性、保障性的设计分析与评价的工作,有效地实现了可靠性、维修性、保障性工作与传统设计专业的集成,改善了可靠性、维修性、保障性设计分析较为滞后的局面。

**2. 国内研究现状**

维修在我国有着悠久的历史,也积累了丰富的经验。但由于种种原因,我国对维修性工程及其他现代维修学科的研究起步较晚。20 世纪 70 年代后期,我国才开始引进国外先进的维修科学,先后翻译出版了美军维修工程和维修性工程的有关重要文献,主要有《维修工程技术》《维修性工程理论与方法》和《维修性设计指导》;编写了有关维修性工程的教材,提出了装备维修研究的全系统、全寿命观点,阐述了维修性的概念、定性定量要求和维修性技术。20 世纪 80 年代,空军以我军飞机使用和维修经验为基础,制定了我国第一套维修性方面的标准 GJB 312—87《飞机维修品质规范》;军械工程学院把美军的维修工程和维修性工程同我军装备发展与维修经验相结合,编制了适用于各种军用装备的国家军用标准 GJB 368—87《装备维修性通用规范》。这些标准不但提出了维修性定性定量要求,而且还给出了维修性工程技术、方法和程序,对推动军用装备维修性工程的研究和应用产生了良好的影响。

20 世纪 90 年代初期,维修性的研究人员总结标准的贯彻实施经验,编著出版了《维修性工程》,该书的出版标志着已经初步形成了适合我国特色的维修性工程的理论与方法体系,形成了具有一定特色的维修性工程学科。随着维修性工程研究和应用的不断深入,维修性标准也日趋完善。维修性的顶层标准由 GJB 368—87《装备维修性通用规范》一个标准,演化为"一标"、"一纲"、"两手册",即 GJB 368A—94《装备维修性通用大纲》、GJB 2072—94《维修性试验与评定》、GJB/Z 57—94《维修性分配预计手册》和 GJB/Z 91—97《维修性设计手册》,出版了《维修性设计与验证》等一系列的专著,开始系统地进行维修性建模理论与方法的研究,从而推动了我国维修性工程理论与应用研究的全面开展。这一时期,维修性作为装备质量属性的重要性,受到了广泛的重视,使其在装备型号的研制中也开始提出了维修性的定性定量要求,并开展了维修性的分配预计工作。

从 20 世纪 90 年代中后期开始,随着装备型号研制对维修性工程技术方法需求的增加,我国维修性工程技术研究步入了计算机辅助设计与分析技术研究的时代。在"九五"和"十五"期间,维修性工程技术基本上实现了计算机辅助化,开发出了具有自主知识产权的维修性设计分析软件平台。在"十五"期间,基于虚拟实现技术的维修性设计分析技术取得了很大的进展,开发了原型平台;基于产品数据管理平台的维修性设计分析技术也取得了重要的突破,完成了信息集成、过程集成等方面的研究工作,开发的平台已经与企业的数字化改造实现无缝集成。修订了 GJB 368B《装备维修性工作通用要求》,编制了 GJB/Z 145—2006《维修性建模指南》,维修性的顶层标准体系得到了进一步的完善,形成了"两标""三手册"的新的顶层标准体系。上述工作已经在装备研制过程中得到了不同程度的应用,有力地推动了维修性工程理论研究与工程实践的深入。

### 3. 主要差距

尽管我国在维修性工程方面已经做了大量的研究与实践工作,但还是处于起步阶段。在装备建设与发展过程中,对装备维修性的重要性认识还不尽一致,还存在以下差距:

(1) 研制阶段没有很好地重视维修性的论证、设计等问题,造成装备部署到部队以后,给保障带来了沉重的负担,如维修时间长、使用率低、维修费用高等。

(2) 维修性论证缺乏系统化。论证人员一般只是关注从顶层的综合指标要求分解到可靠性维修性指标要求,缺少对维修性指标要求的进一步分解的研究。

(3) 维修性设计分析缺乏综合考虑。随着装备可靠性维修性工作目标的变化,维修性设计分析工作呈现出很强的综合化的趋势,需要全面考虑维修性设计与产品传统设计的综合化和可靠性维修性保障性的综合问题。

（4）大型复杂装备的维修性验证还缺乏有效的技术手段和方法。由于构成装备的各子系统的工作方式、工作时间等各不相同，这就直接影响到装备层次维修性验证中样本量的确定以及样本的选取与分配等问题，目前针对这些问题还需要进一步深入研究。

### 6.2.3　保障性现状与差距

#### 1. 国外研究现状

国外的保障性技术是伴随着综合后勤保障（Integrated Logistics Support，ILS）而发展的。为了解决装备保障性问题，美国最早提出了综合后勤保障的概念。直至当前，国外综合后勤保障的研究和实践经历了半个多世纪，其整个发展过程大体可分为三个主要阶段，即概念形成和初步发展阶段、全面发展和深化发展阶段以及创新发展阶段。在不同的阶段，保障性技术的发展也呈现出其相应的特点。

（1）概念形成和初步发展阶段——形成完整的保障性分析技术。1964 年6 月，美国国防部首次颁布了 DODI 4100.35《系统和设备的综合后勤保障要求》，明确规定要在装备设计中应用综合后勤保障，并同步开展综合后勤保障的管理和技术活动。到 1968 年，这个文件改为 DODI 4100.35G《系统和设备的综合后勤保障的采办和管理》，描述了综合后勤保障的 11 个组成要素，提出了要对装备保障性进行分析。这个时期的装备保障性工作的特点是强调了装备保障要素的综合开发和研制，并提出要将装备保障、使用保障费用体现在装备设计过程中，并在研制过程中对装备保障性进行分析、评价和综合，但当时并没有提出保障性的明确定义。

1971 年颁布的美国军用标准 MIL – STD – 1369《综合后勤保障大纲要求》最早指出将保障性分析作为支持装备保障性工程和综合技术保障工作的一种系统分析方法，最初成为后勤保障分析（Logistics Support Analysis，LSA），为了推动综合后勤保障及 LSA 工作的开展，1973 年美国国防部在此基础上颁布了 MIL – STD – 1388 – 1《后勤保障分析》和 MIL – STD – 1388 – 2《国防部对后勤保障分析记录的要求》两个标准。其中，MIL – STD – 1388 – 1 提出了在系统与设备的寿命周期内指导执行后勤保障分析的一般要求和工作项目说明，MIL – STD – 1388 – 2 规定了后勤保障分析记录数据的数据元素定义、数据字段长度与格式。这两个标准为改善武器装备的保障性提供了分析工具。在 MIL – STD – 1388 – 1 和 MIL – STD – 1388 – 2 颁布后,装备保障性分析逐渐形成一套完整的、规范的分析方法。

(2)全面发展和深化发展阶段——保障性分析技术的细化与全面应用。20 世纪 80 年代,美军许多新装备的维修和保障工作繁重,装备战备完好性低,引起了美国国防部的重视。美国军方认识到装备保障的问题需要从管理入手,提出需要综合应用保障性分析与评价技术等多种工程技术来解决装备保障的问题。

1980 年,美国国防部首次颁布 DODD 5000.39《系统和设备的综合后勤保障的采办和管理》,1983 年又重新颁布该文件,突出了战备完好性要求,明确规定:综合后勤保障的主要目标是以可承受的寿命周期费用,规定了从装备寿命周期一开始就要开展综合保障工作及保障性分析工作,以达到规定的保障性要求,并要求装备部署到部队时其配套的保障系统也应当同时建成。美国空军于1980 年颁布了 AFR800 – 8《综合后勤保障大纲》,其中规定了在装备和设备的寿命周期内应用综合保障的要求。该大纲内容丰富,具有较强的操作性,并包含了保障性分析的相关内容。

到了 20 世纪 90 年代,美国国防部在总结以往装备采办经验的基础上,于1991 年颁布了新的采办文件 DODD 5000.1《防务采办》和 DODI 5000.2《防务采办管理政策》,在其中的一章中规定了装备保障的内容,突出强调了保障性分析、保障方案、保障数据和保障资源。1996 年颁布的性能规范 MIL – PRF – 49506《后勤管理信息要求》,1997 年颁布的 MIL – HDBK – 502《采办后勤》,以手册形式给出了如何在装备研制阶段进行装备保障性分析的方法与流程,并将综合保障改为采办保障,强调了保障性的重要性,明确了保障性是装备性能要求中重要的一项内容,装备保障性分析时系统工程过程中的一个重要组成部分。在 MIL – HDBK – 502《采办后勤》,以手册的形式给出了如何在装备研制阶段进行装备保障性分析的方法与流程,并将综合保障改为采办保障,强调了保障性的重要性,明确了保障性是装备性能要求中重要的一项内容,装备保障性分析是系统工程过程中的一个重要组成部分。在 MIL – HDBK – 502《采办后勤》中将后勤保障性分析改称为保障性分析(SA),但保障性分析沿用了后勤保障分析的定义和内涵。

（3）创新发展阶段——保障性标准、模型与软件工作的进一步完善。进入 21 世纪之后,由于故障诊断技术、故障预测技术的发展,美国国防部两次修订采办文件,提出了"基于性能的后勤"(Performance Based Logistics,PBL)和"基于性能的保障性"(Performance Based Supportability,PBS)。PBL 强调了以用户为中心,以系统战备完好性和任务持续能力为驱动,以用户核心保障能力建设为重点。以承包商保障能力为重要补充的装备保障系统建设新思路。美国国防部于 2003 年颁布了《国防部武器系统的保障性设计与评估——提高可靠性和缩小后勤保障规模的指南》,并接连颁布了《国防部可靠性可用性和维修性指南》等一系列综合保障及保障性分析指导性文件。英国也三次修订国防标准 DefStan 00 – 60《综合后勤保障》,并于 2007 年出台《全寿命周期保障标准 TLSS》代替 DefStan 00 – 60。

2007 年,美国在 MIL – STD – 1388 – 2B 的基础上,推出了 GEIA – STA – 0007《保障产品数据》,其中提出装备保障数据是在装备需求分析和装备设计过程中逐步形成的,利用装备保障数据可以辅助进行保障性分析和评价工作。2010 年,美国国防部废除了 MIL – PRF – 49506《后勤管理信息》,同时引入 S3000L《后勤保障分析国际程序规范》及国际标准 ISO – 10303 – AP239《产品寿命周期保障》标准。2011 年,修订 GEIA – STA – 0007《保障产品数据》,颁布 GEIA – STA – 0007A《保障产品数据》并强调产品寿命周期保障标准,同时还颁布了《产品综合保障实施路线图》和 GEIA – HB – 0007《保障产品数据的手册和指南》等。2014 年,美国国防部发布了 PBL 指南,用于指导制定全寿命周期保障计划等。

在保障系统及保障资源建设方面,美国等典型军事大国采取了一系列基于信息化、智能化、网络化的保障技术与手段,以便在产品的使用阶段,采取降低武器装备保障成本。例如,美国"海尔法"Ⅱ型导弹利用 PHM 技术,建立了挂飞健康监测系统(CCHM),帮助美军将导弹武器定期维修时间由原来的 12 月/次延长至 24 ~ 30 月/次,将导弹武器的平均维修价格降低了 1 倍还多。在技术资料方面,美国国防部和海军部经过十多年的努力,制定了 S1000D 等一系列通用标准和专用标准,用以指导 IETM 开发,应用与实施,使得 IETM 在"长弓 – 阿帕奇"武装直升机等信息化武器装备中得到充分应用。保障装备研制方面,F – 35B 战机采用了美国三军通用的实时、智能化自主式保障系统,使得飞机的全面测试、维修和保障活动都实现自动化。此外,美、英等国家还开发出大量的装备保障模型来分析研究保障系统的权衡优化技术,如 LCOM、OPUS10、SCOPE、LOGSIM 等模型以进行备件资源优化,保障方案自动生成等工作。

**2. 国内研究现状**

我国装备保障性技术的研究和应用始于 20 世纪 70 年代,依靠引进和吸收美军"维修工程"概念及有关的理论,并进行推广应用。20 世纪 80 年代后期,为了解决我军装备建设中先发展主装备、再考虑保障配套而带来的保障问题,美军综合后勤保障概念被引入。由于"后勤"概念在国内外的不同理解,国内采用"装备综合保障"或"综合保障"替代了美军"综合后勤保障"。随着综合后勤保障概念的引入,国内组织研究了大量国外有关综合后勤保障方面的资料,包括美国国防部和三军的指示、指令、标准、条例,以及其他一些指导性技术文件,积极跟踪国外综合后勤保障的发展动态,并大力宣传在装备研制过程中同步规划保障问题的理念,开展综合保障工程的重要性日益为人们所接受。

20 世纪 90 年代以来,在充分消化、吸收和借鉴国外经验的基础上,结合我国的实际情况,我国先后制定并颁布了 GJB 1371《装备保障性分析》、GJB 3873《装备保障性分析记录》、GJB 3872《装备综合保障通用要求》、GJB 1378《装备预防性维修大纲制定要求与方法》、GJB 2961《修理级别分析》、GJB 4355《备件供应规划要求》、GJB 5238《装备初始训练与训练保障要求》等一系列国家军用标准,初步建立了国内装备保障性军用标准体系。同时,出版了《可靠性维修性保障性总论》《综合保障工程》和《装备保障性工程与管理》等一系列的著作,为装备保障性理论与技术研究,以及装备型号研制过程中开展装备保障性工作打下了坚实的基础。

国内在保障资源建设方面,出版了 GJB 4355《备件供应规划要求》、GJB 5967—2007《保障设备规划与研制要求》、GJB 5432—2005《装备用户技术资料规划与编制要求》等一系列标准,用以规划备件供应、保障设备研制、技术资料编写等。同时,国防工业、航空工业、航天工业和运输行业等众多领域也利用 OmegaPS、EAGLE、Extend 等软件进行武器装备保障系统建模,以生成贴近实战需求的装备保障方案。

在科研探索方面,"十五"和"十一五""十二五"期间根据装备保障的迫切需求,安排了大量的技术攻关项目,已经取得了一些有价值、可以应用的成果,初步建立了装备综合保障应用技术体系,特别是还进一步明确规定了武器装备全寿命各阶段的装备保障性工作内容、要求和考核标准,要素齐全、要求明确、责任清晰,具有很强的指导性和操作性,为在装备全寿命过程中开展装备保障性工作提供强有力的保证。

**3. 主要差距**

由于我国装备保障性工作开展得比较晚,国防科技工业的基础能力相对薄弱,装备保障性技术仍难以适应当前装备发展的需求。主要体现在以下几个方面:

(1)装备保障性基础理论研究薄弱。装备保障性工作作为引进的概念,长期以来研究工作的重点放到了美军标准体系的消化吸收、制定以及标准的工程应用方面,而对装备保障性基础理论问题的研究没有引起足够的重视。例如,装备保障系统的设计与研制,是典型的复杂系统问题,这个复杂系统的运行规律、系统各层次所表现出的涌现性以及装备作战单元与保障系统之间的匹配机理等问题,都没有进行过深入的研究。

(2)保障性标准体系建立不够完善。我国的保障性标准体系已有 GJB 1909A、GJB 3872 等保障性顶层要求,在保障性分析方向有 GJB 1371、GJB 1378A、GJB 2961 等保障性分析方法,在保障系统领域有 GJB 4355、GJB 5238、GJB 5432、GJB 5967 等各项保障系统工作要求,但保障性各项标准还不能构成一个比较完善的体系,仍需对保障性其他方向标准进行补充,对其中较旧的标准进行新一轮更新,以适应我国武器装备保障性发展需求。

(3)装备保障设计与实际工程应用仍存在差距。长期以来,我国以面向单一装备研制过程的保障性分析技术为主,同时与保障相关的设计属性(如可靠性、维修性和测试性)的设计分析技术也是以"静态"设计问题为主(设计要求的指标往往是 MTBF、MTTR 以及故障检测率、故障隔离率等),没有相应的"动态"问题设计参数,即表现随时间变化特性的设计参数,这显然与工程实际具有很大的差异。就"静态"问题而言,在定量设计方面也存在着很大的困难,基本上还没有寻求到可控制的设计参数来完成设计。另外,与这些问题相关的对于装备作战单元以上层次的研究对象以及保障系统的相关技术基本上都没有进行研究,装备论证与使用过程的装备综合保障技术存在着较大的缺口。

(4)保障性智能化设计仍处于起步阶段。虽然我国大部分装备都已进行保障性分析及设计工作,但各军兵种对保障性方面的工作仍处于纸面状态,保障方案和保障系统的设计和使用仍处于较低水平,各种信息化、智能化设计模型大多未被实际工程应用采纳。近年来,国内外开发的各种大型综合保障集成平台,虽已陆续被进行到各装备研制部门,但使用情况却流于表面,未达到为保障设计及应用发挥智能优势的目的。

### 6.2.4 测试性现状与差距

#### 1. 国外研究现状

"测试性"(Testability)一词最早于 1975 年由 F. Liour 等人在《设备自动测试性设计》中提出。从"测试性"这一术语提出的时间开始算起,到目前为止,测试性技术的发展大致经历了三个时期。

(1) 经验方法阶段。20 世纪 70 年代到 80 年代初期,由于当时测试性的概念才初步形成,缺乏相应的理论与技术研究,主要采用基于经验的设计方法。在工程实践中遇到一些测试性问题,设计人员一般通过经验总结以研究报告、设计指南等形式记录,用以指导其他类似的测试性设计工作,实现装备初步的测试性设计。在这个阶段并没有形成系统的测试性设计方法,而将测试性作为系统的一个附加属性。

(2) 结构化方法阶段。20 世纪 80 年代以来,为解决当时装备存在的测试与诊断不准确、测试时间长、大规模复杂电子装备无法测试等问题,美国军方积极推进测试性 BIT 技术的发展和应用,先后制定并颁布了一系列军用标准。1983 年美国国防部颁布的维修性管理大纲——MIL – STD – 470A,强调测试性是维修性大纲的一个重要组成部分,规定了测试性设计的基本程序和方法。1985 年,美国国防部颁布测试性大纲——MIL – STD – 2165,界定了测试性 BIT 概念与内涵,把测试性作为与可靠性、维修性等同的设计要求,规定了电子系统及设备全寿命周期中测试性分析、设计、验证要求及实施方法。MIL – STD – 2165 的颁布标志着测试性技术体系的形成,并成为一门与可靠性、维修性并列的独立学科。

结构化设计是一种新的测试性设计策略,基于扫描设计的结构化设计,其主要思想是从可测试性观点出发,提出一定的设计规则,使所设计的电路更容易测试。有多种实施方法,包括电平敏感扫描设计、扫描通路、扫描置位;但主要采用外部测试的方法,自动化程度不高,成本较高;1986—1988 年,以欧洲和北美会员为主的联合测试行动组织(JTAG)率先开展边界扫描技术研究。1990年推出了 IEEE1149.1 边界扫描标准。边界扫描机制提供了一种完整的、标准化的可测试性设计方法,适用于集成度高的电路。

随后,美军研制和列装了新一代武器系统,逐步采用新型的二级维修体制,相应地对装备测试性 BIT 提出了更高要求。为此,美军实施了综合诊断研究计划,如海军的"综合诊断保障系统(Integrated Diagnosis Support System,IDSS )计划和空军的"通用综合维修和诊断系统(Generic Integrated Maintenance and Diagnostic Support,GIMADS )计划等。美国国防部于 1993 年颁布 MIL – STD – 2165A 并取代 MIL – STD – 2165,将测试性 BIT 纳入各种装备的设计规范中,标志着测试性的发展进入一个新阶段。

大量测试性设计标准与手册的制定和颁布,在一定程度上促进了测试性设计技术的普及和发展。由于基于经验的设计方法主要侧重于原则性的内容,在实践中可操作性较差。因此,随着对测试性设计过程及内容的认识加深,一种新的测试性设计思想——结构化的设计思想逐渐形成。结构化的测试性 BIT 设计方法对提高装备测试性 BIT 水平发挥了重要作用,但本质上还是一种串行设计模式,不易实现测试性 BIT 与装备性能的一体化设计,而且它更多地依赖于定性的设计标准与手册,在技术上难以实现测试性 BIT 的自动定量分析与设计。

(3) 基于模型的设计阶段。随着现代装备系统复杂度和集成度的急剧增加,要求在系统的全寿命周期各阶段都要并行地开展测试性 BIT 的设计与分析工作,实现测试性 BIT 与装备性能的一体化、并行化设计成为现代复杂武器系统发展的必然要求。为适应并行设计需求,在综合诊断研究计划和技术的推动下,从 20 世纪 90 年代开始,基于模型的测试性 BIT 分析、设计与评估逐渐成为测试性设计技术的主流。美国康涅狄格等大学、ARINC 等研究机构在并行设计思想指导下,结合系统功能模型,开展了基于信息流模型和多信号流图模型的测试性 BIT 技术研究。

20 世纪 80 年代中期到 90 年代初是测试性和 BIT 技术的迅猛发展时期,以1991 年美军标 MIL – STD – 1814《综合诊断》的颁发为标志。在这个阶段,测试性设计技术的研究有如下的特点:

（1）综合诊断研究计划开始实施。

（2）智能 BIT(Intelligent BIT)或灵巧 BIT(Smart BIT)的研究开始兴起。

（3）非电子类产品的测试性的研究日渐重视。1993 年,为综合考虑非电子产品的测试性并与综合诊断相协调,美国国防部颁发军标 MIL - STD - 2165A《系统和设备测试性大纲》取代 MIL - STD - 2165。

（4）数字电子设备的测试性研究更加深入,测试性总线开始出现。

20 世纪 90 年代初到现在是测试性设计技术的丰富和深化期,主要表现在:

（1）测试性和 BIT 的设计理论进一步丰富和完善,芯片的高层次测试性设计技术开始发展和完善。

（2）测试性总线逐渐完善,并在实际系统中得到成功应用。

（3）测试性设计并行工程,Jon Turino 等人从并行工程的观点对测试性设计和综合诊断问题进行了论述,标志着人们对测试性设计技术认识的进一步深入和升华。

目前有代表性的测试性模型有 ARINC 公司的信息流模型 IFM 和QUELTECH 公司的多信息流模型(MSFG)。近 20 年,专家系统、模糊逻辑、神经网络等智能理论相继在模式识别与故障诊断等领域得到了快速发展,引导着BIT 技术也向着智能化方向稳步推进。

**2. 国内研究现状**

同国外相比,国内的测试性技术研究起步较晚,大致从 20 世纪 80 年代中后期开始。但近些年进步速度很快,陆续开展了较为系统的研究,发表了不少有关测试性/BIT(机内测试)方面的文章和研究报告。通过在万方学术数据库中查询,国内每年有关测试性发表论文的数量呈上升趋势,如图 6 - 2 所示,说明国内有关测试性的研究正逐步广泛和深入。

从国内研究实践看,测试性设计技术尚停留在积累感性材料和消化国外技术的水平上。1995 年,我国颁发了 GJB 2547《装备测试性大纲》,从论证、方案、实施和验证等几个方面加强了对测试性技术的指导和监控,对推动测试性技术的研究和应用具有很大的作用。国内测试性设计技术研究主要集中在大型武器装备系统,对机内测试的研究多集中在具体的 BIT 设计及降低虚警技术等方面。国内外学者提出了许多方法来解决常规 BIT 存在的不足,其中以将神经网络、专家系统、模糊理论、信息融合等在内的智能理论和方法应用到 BIT 的设

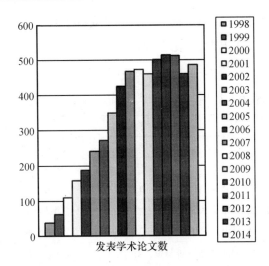

图 6 - 2　国内有关测试性论文发表情况

计、检测、诊断、决策等方面而产生的智能 BIT 技术最为有效。

在技术应用与系统开发方面,国内相关单位针对具体设备,也开展了初步的研究,研制了一定功能的具体 BIT 系统,其中最为典型的是在航空机载设备和雷达系统上的应用。

近年来国内 BIT 在雷达等一些机载电子设备上应用较多,对故障诊断与虚警问题的研究,已经逐步开始,主要还是以 BIT 基础理论与基础应用方面的研究为主,实际在装备中应用 BIT 技术的工程数据和经验尚不多。从 2000 年开始,国内学者对智能 BIT 技术的产生、原理、技术特点、国外的发展及应用前景开始深入研究。

在工具研发方面,我国在"九五"和"十五"期间,国防科学技术大学、北京航空航天大学、电子科技大学、北京长城航空测控技术研究所、航天测控公司、北京联合信标测试技术有限公司等单位都开发了测试性分析与设计软件。

**3. 主要差距**

国外从"测试性"概念提出起,已经走过了 80 多年历程,积累了大量经验,制定了许多标准,并对测试性设计技术进行了系统的研究,且在装备中得到了成功应用;而国内测试性设计技术方面,大多是通过学习、剖析国外型号中的测试性方法与技术,以 GJB - 2547 为参考标准开展进一步的研究并不断试图将其应用到我国装备设计中,尤其在近10年之间取得了较大飞跃。但是我国在复杂装备测试性 BIT 技术方面,无论在理论上、技术上,还是应用水平上与美军仍然存在一定的差距。具体表现如表6-1所列。

表6-1　国内外测试性技术水平现状对比

| 测试性/BIT | 国外 | 国内 |
|---|---|---|
| 概念体系 | 明确,技术体系完整 | 认识逐渐清晰,技术体系刚刚建立 |
| 测试性建模技术 | 提出了基于信息流模型、多信号流图模型的建模技术,建立的测试性模型与装备功能模型有机统一,并着力于建立统一的信息模型及相关标准 | 在多信号流模型基础上开展了测试性建模技术研究,如何综合利用测试性信息对测试性分析、设计进行科学评价有待进一步研究 |
| 测试性分析与设计 | 基于模型的自动分析与设计技术,可实现与装备功能设计同步进行的一体化并行设计 | 虽然开展了较多理论研究,但对于在装备中的应用而言,具体对象具体分析,技术通用性较差 |
| 测试性评估技术 | 基于装备历史数据和测试性模型的仿真评估技术,评估效率较高、结果较准确 | 建立了测试性验证与评估方法,由于装备历史数据不完整或先验数据难以收集,评估结果不够准确 |
| 辅助设计工具 | 相对成熟和商业化,并在多种大型武器装备中已得到成功应用 | 开发了具有自主知识产权的辅助设计软件,但尚未在装备中得到广泛应用与验证,功能尚需完善 |

我军对装备测试性/机内测试技术的研究正处于研究热潮及成果转化时期。自《装备测试性大纲》颁布以来,对新研装备开展了一定的测试性分析、设计与评估工作,取得了一定的效益,但也暴露出大量的问题。虽然国外研究较为成熟,但是由于我国装备的维修保障体制与美军具有较大区别,还没有系统和成熟的技术体系及方法来支撑完成我国国军标规定的装备测试性分析与设计工作。因此,急需面向我国装备实情,开展测试性的分析与设计研究,突破关键技术,打通技术环节,开发适用于我国装备的测试性计算机辅助分析、设计与评估一体化工具,为提高装备的故障检测与诊断能力、缩短测试时间提供辅助工具,从而为装备的研制、试验和维修保障提供强有力的测试诊断支持。

总而言之,国内测试性技术研究与国外先进发达国家和组织相比,尚有一

124

定的差距,测试性理论研究中,系统工程思想的指导性作用发挥不足,尤其是与故障机理研究的融合并不彻底,集中体现在:尚未形成成熟的理论体系,对故障定位和技术的研究还不够完善,还缺乏统一的有效的指导性文件和标准,还处于以经验为主的测试初级阶段,测试性与其他质量特性的融合不够,内部相互关系的研究。

(1)测试性理论和技术还未形成成熟的体系。国内测试性理论和技术研究还较分散、各自为战。大部分是基于具体工作来研究其具体测试问题,而非专门地进行深入的理论研究,只见一点不见其余。国外测试性技术研究相对体系较完整,经历了一个由浅到深,从点到线、到面、到体系的过程,逐步丰富完善。国内研究只集一点,缺乏完整体系的构建,缺乏宏观控制的理论框架。测试性模型研究与国外相比,缺乏系统、基础性模型的研究,只有引入的信息流模型和信号流图模型。

(2)测试性还缺乏有效的指导性文件。国外测试性技术研究起步早,积累的数据种类多、成系统,而我国测试性技术研究起步较晚,积累的数据种类少、数量有限、系统性差且分散在不同行业的不同单位。国外的测试性设计工作贯穿于装备整个寿命期的各个阶段,并且形成了相关的标准和指南,有效地指导了设计人员开展测试性设计工作。

我国虽然已经形成测试性的和标准体系,但顶层的标准和下层的支撑标准和规范、标准剪裁指导性文件等仍然缺乏。由于研究分散,导致缺乏指导性文件,还不能满足装备研制的需要。目前只是对国外理论的应用,研究工作各自为战,只有借鉴意义没有普遍适用性,因此,应尽快研究和明确测试性要求的内容,形成测试性设计的相关指导文件和标准。

(3)测试性技术研究还处于以经验为主的阶段。国内测试性技术与国外研究相比,整体水平偏低,还处在以经验性测试为主的阶段。第一,国内测试性技术研究主体仍是以经验为主,部分加入新的理论和概念、方法、技术、工具,产生测试性技术,70%的经验+30%新技术,理论适用于简单的系统、小规模、专业性强的、功能相对集中、单一的系统测试,不利于复杂大系统、通用性强、需要内延外联;第二,国内测试性应用多是针对某一具体设备、某一类设备,缺乏一种通用性、标准化的测试性方法和技术、接口。国内测试技术研究多适合于封闭式系统测试,不适合于开放式的大型、复杂系统测试。

（4）测试性研究还缺乏系统性。国外测试性建模仿真试验技术已在装备上得充分应用，能满足不同构件、分系统，甚至整机的测试。在改进和提高系统测试性方面发挥了重要作用。测试性思想已经深入装备设计的方方面面，形成完整的体系，国内的测试性技术和工具逐步与国际接轨，但多数只针对测试性本身，而没有与系统的可靠性、维修性形成完整的体系。

测试性设计在装备系统设计阶段应用程度不足，虽然现在国军标中规定了在设计定型阶段要考虑测试性问题，但在具体落实时相关的设计和指标较少，还未将测试完全融入系统设计当中，而是将测试作为设计的一个附属。

## 6.2.5  安全性现状与差距

### 1. 国外研究现状

多年来，欧美及日本等国家都有相当庞大的科研队伍从事安全性工程相关研究，各种安全性分析、设计和管理技术得到迅速发展。武器装备领域的安全性工程发展大致可划分为如下四个阶段。

（1）事故调查阶段（20 世纪 20 年代至 40 年代初期）。这一阶段的安全性工作主要是对各类事故，特别是飞行事故的调查分析，记录飞行事故，统计事故率。到 20 世纪 40 年代外军陆续实施了飞行安全大纲，加强事故调查与分析。

（2）事故预防阶段（20 世纪 40 年代中期至 60 年代中期）。第二次世界大战结束后，武器装备的安全性工作重点逐渐转向事故预防，在完善事故调查分析工作的基础上，找出引发事故的根本原因，采取纠正措施防止类似事故的发生，并强调在装备的设计和制造中考虑安全性问题。从 20 世纪 50 年代开始美军对武器装备进行了大规模的可靠性、安全性研究工作，形成了一批标推、指令、指南、手册来规范装备的设计、制造和试验等工作。

（3）系统安全阶段（20 世纪 60 年代后期至 80 年代中期）。20 世纪 60 年代，美国在导弹研发过程中仅仅一年半的时间就发生 4 起事故，造成重大损失。为解决复杂装备的安全性问题，美军引入了系统工程原理和方法，逐渐形成了"系统安全"理论。20 世纪 60 年代中期，美军首先面向弹道导弹制定了《武器系统安全标准》，这是系统安全理论的首次实际应用，极大提高了导弹的安全性水平。1969 年,美国国防部将该标准提格为美国军用标准,批准颁布了最具有代表性的系统安全军事标准《系统及其有关的分系统、设备的系统安全大纲要求》MIL - STD - 882,并在随后的几十年中不断对其修订。该系列标准对美军的工程项目在整个寿命周期中的安全要求、工作项目、管理程序、管理方法、管理目标等都做了具体规定。

在美国国防部系统安全技术研究的带动下,NASA 于 1970 年颁发了标准NHB.1700.1(V3)"系统安全",后来又分别在 20 世纪 70 年代末和 80 年代中颁布 NHB.5300.4(1D - 2)《航天飞机的安全性、可靠性、维修性和质量条例》和NHB1700.1(V7)《系统安全手册》。同时,美军的系统安全标准迅速为日本、英国和欧洲其他国家引进使用,形成了各自适用的军用标准。

英国在 20 世纪 60 年代中期就建成了系统可靠性服务所和可靠性数据库,成功开发了概率风险评价(Probabilistic Risk Assessment,PRA)技术,从而以概率来计算火箭导弹系统风险大小是否可以接受。法国国防部武器装备总署(DGA)拥有独立于工业部门的多个测试中心,450 种不同的鉴定、模拟和试验能力,参与武器系统寿命内各个阶段的管理——从系统定义到武器退役,从基础研究到模拟和试验,充分满足了武器系统技术评估与鉴定的需求,较好地保证了武器系统的安全性。

(4) 基于风险的全寿命综合保证阶段(20 世纪 80 年代中期至今)。20 世纪 80 年代中期以来,随着武器装备的日益复杂化和信息化,装备危险因素与机理更为复杂,软件的安全性问题也日益突出。美军在逐渐淡化军标的环境下,仍陆续制定出 MIL - STD - 882E、"Software System Safety Handbook"等相关的标准指南,突显出装备安全性的重要性。在传统的基于全寿命周期的系统安全性工程的基础上,人为因素分析、复杂系统多因素安全性综合设计分析与评价技术、基于过程的复杂系统安全性分析评价技术、软件安全性分析评价技术,以及装备体系(System of Systems)安全性等成为研究与应用的热点。英国国防部在安全性方面,1996 年颁布了 Def Stan 00 - 56《防务系统的安全性管理要求》以及相应的指南;1997 年颁布了 Def Stan 00 - 55《防务设备中与安全性有关的软件的要求》及其相应指南;1999 年颁布了 Def Stan 00 - 54《防务设备中与安全性有关的电子设备的要求》及其相应的指南等。

1986 年,"挑战者"号航天飞机失事后,NASA 成立了新的风险管理机构——安全与任务保证办公室(Office of Safety and Mission Assurance),全面实施概率风险评价,以确保 NASA 所有活动的安全和成功。在"哥伦比亚"号航天飞机失事后,NASA 又进一步加强了基于风险决策的系统安全工作,于 2006 年颁布了 NPR8715.3《NASA 安全性项目通用要求》,对系统安全要求进行了显著修订,提出了基于风险指引的(Risk - informed)安全性方法,将安全性工作划分为面向事故场景(Scenario)的危险分析、基于模型的风险评估和风险指引决策三个阶段,从而将系统安全活动与系统工程和风险管理过程集成为一个整体。

欧洲空间局(ESA)重视项目的风险管理,建立了专门的安全管理机构并制定了欧洲空间标准化合作组织(ECSS)标准(如 ECSS - M、ECSS - Q 和 ECSS - E 三类系列风险管理标准),确立了两项风险管理原则:一是对所有风险的原因及后果应作系统的鉴定与评估,以确定和实施监督或采取措施;二是采取系统的确定、实施、控制和验证措施,将风险消除或降低至可接受的程度。ESA 还高度重视电子元器件可靠性安全性技术的基础建设,如建立电子元器件可靠性安全性试验室,除了开展可靠性筛选工作外,还开展很多可靠性和安全性技术的基础研究工作。

英、法、德等国很重视系统安全工程应用,其做法基本仿照美国,甚至直接引用美国 NASA 的系统安全性标准与手册。到 20 世纪 90 年代,英、法、德对系统安全工程的研究已经达到相当广泛和深入的地步,各国都有相当庞大的科研队伍从事这一学科的研究、开发与试验。

**2. 国内研究现状**

20 世纪 70 年代我国陆续引进了有关系统安全性的专著和文献,受到相关设计、生产和行业管理部门的重视。1982 年,我国首次召开了安全系统工程研讨会,研讨了我国系统安全工程的发展方向,并组织分工进行了初步危险分析、事件树分析、故障树分析等分析方法的研究。

20 世纪 90 年代,GJB 900《系统安全性通用大纲》发布,规定了军用系统安全性的一般要求和管理与控制、设计分析、验证与评价等方面的具体要求,规范了装备系统研制过程中的安全性涉及分析工作。与之相配套,GJB/Z 99《系统安全工程手册》给出了系统安全性管理及危险控制、系统安全性分析设计、验证与评价的方法,如功能危险分析(FHA)、故障树分析(FTA)、区域安全性分析(ZSA)等常用分析方法的说明及示例,该手册成为我国军用系统研制中贯彻和实施 GJB 900 的指导性技术文件。2012 年最新发布的 GJB 900A《装备安全性工作通用要求》,在 GJB 900 的基础上做了一定的扩展和修改。

国内许多高校和科研院所也相继开展了系统安全性分析技术的研究,2005年 6 月召开了由清华大学公共安全研究中心和中国科学技术大学火灾科学国家重点实验室倡议的"公共安全学科建设研讨会"。北京航空航天大学致力于武器装备系统安全性工程、航空安全与适航性和风险评估课题研究,提出多维安全状态空间的概念,并在此基础上发展人机环耦合的事故推演及预测技术。北京理工大学在爆炸安全、防恐反恐、火灾安全和安全管理等领域形成了特色和优势。国防科学技术大学在安全性评价和验证模型方面也进行了深入研究,运用控制约束的概念和方法来识别危险涌现,以支持安全性分析。东北大学提出系统内某些元素的连续变化导致系统状态的突然改变,通过建立事故致因突变模型,提出了提高系统安全性的原则。中国矿业大学等在对危险源进行分类的基础上构建事故致因机理模型,空军工程大学针对复杂系统节点众多、关联复杂的本质建立了分析复杂系统安全事故致因的"认知－约束"模型。此外,哈尔滨船舶工程大学、西北工业大学以及中国航天标准化研究所、中国航空综合技术研究所、中科院等院所,也都先后开展了安全性技术研究,对包括航空、航天、船舶、兵器、煤炭、核工业等行业在内的复杂系统的安全性分析、设计、试验和评价验证技术进行了深入研究,取得了很多成果。

在计算机辅助安全性分析方面,国外著名的商品化软件公司是 ITEM、Relex和 Isograph 等,但除了有几个安全性分析工具,如 FMECA、FTA、HAZOP、RiskVu等外,没有以数据库支持的安全性集成系统,不能支持全寿命周期阶段的安全性分析。自 20 世纪 80 年代开始国内也有一些单位开发了可靠性和安全性软件工具,如北京航天自动化控制研究所、中国空间技术研究院 502 所、北京航空航天大学等单位开发了 FMECA 软件、FTA 等软件工具。总的来说,目前都还缺乏全面支持使用安全风险分析和评估的软件。

### 3. 主要差距

在安全科学发展历程中,人们一直关注事故为什么会发生、事故是怎样发生的,以及如何防止事故发生。当前,复杂系统的运行绝大多数涉及与人和环境的动态交互作用,事故的发生与系统自身、人因、环境等多种复杂因素相关,亦是动态的、非线性交互作用过程的一种体现。因此,系统安全理论需要考虑各种系统要素间交互作用,采用系统思维方式,从人机环多因素综合的角度来分析事故,不失为系统安全理论研究的一条合理途径。经过不断地完善和发展,我国的安全性工作取得了长足的进步,但与国外先进发达国家和组织相比,尚有一定的差距,主要表现在以下几个方面:

(1)系统安全理论体系尚未建立,对故障机理认识不深。国外对系统安全理论研究虽然也在不断发展和探索中,但系统思维的基础性指导作用发挥充分,已经形成了较强的系统安全工程思维,并将其与事故机理研究相融合。我国已有的事故理论和安全性认识虽然在分析广度有了极大延伸,将更多的潜在因素纳入安全性分析中,但在分析视角上仍存在局限性,仅将事故视为若干致因事件的集合,事故发生的本质规律及特征(如动态性、涌现性等)并未得到深刻的诠释,事故机理尚未形成成熟的理论体系。

(2)安全性工作缺乏可操作的技术方法和有效的指导性文件。国外已大力开展了复杂性与复杂系统安全性综合分析与评价研究,安全状态监测与预警研究也有数十年,并已得到广泛应用,安全性工作贯穿于装备寿命周期的各个阶段,并且形成了较为完整的标准和指南,能够覆盖安全性分析、设计、评价、验证等各项工作,有效地指导设计人员开展安全性工作。而我国安全性综合分析、设计、评价、验证与安全风险控制方面的研究还很不成熟,虽制定了 GJB 900 – 900 及 GJB/Z 99—97 等顶层指导文件,但是尚未规范地、系统性地贯彻落实,而且下层的支撑标准和规范、标准剪裁指导性文件等仍然缺乏,现有的技术方法的可操作性也较弱,尤其是安全性验证技术缺乏对产品的安全性工作带来极大的挑战。

## 6.3　装备保障特性的技术重点发展方向示例

根据差距分析,结合附表中由型谱构成的技术体系,并按照当前工程实践中流行的命名方式可以初步确定可靠性、维修性、保障性等技术的重点完善与发展的方向,如图 6 – 3 ~ 图 6 – 5 所示。

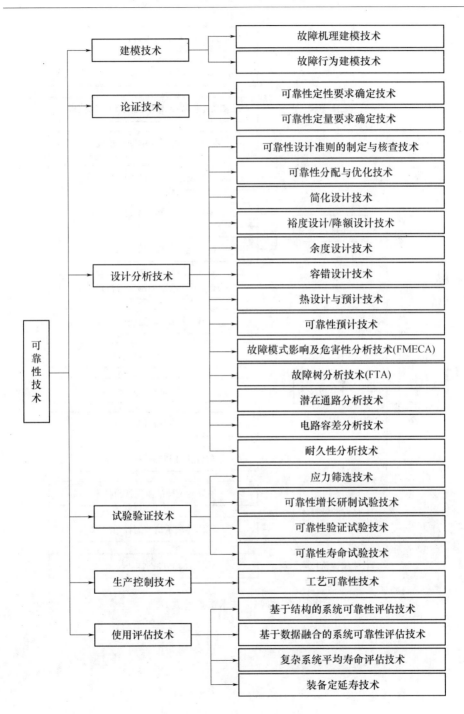

图 6-3　可靠性技术重点发展方向

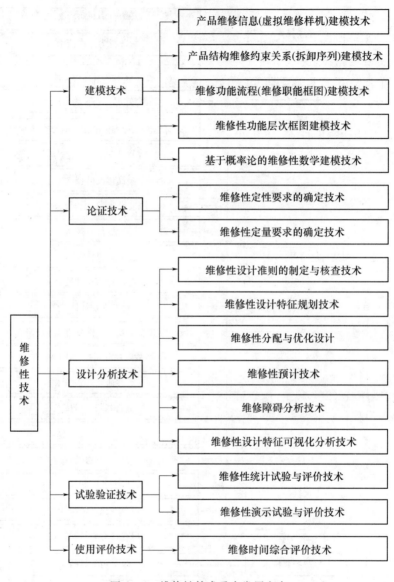

图 6-4 维修性技术重点发展方向

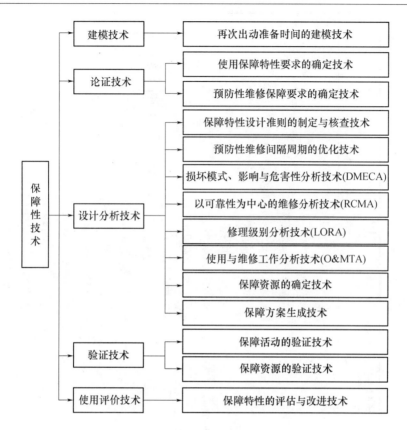

图 6 - 5　保障性技术重点发展方向

# 附表 1 可靠性技术体系

可靠性技术体系

| 基础理论 | 基础技术 | 应用技术 |
|---|---|---|
| 1 面向功能的可靠性基础理论 | 1.1 基于概率面论面向功能的可靠性基础技术（可靠性数学）<br>☆ 可靠性度量<br>☆ 可靠性建模<br>☆ 参数估计与假设检验<br>☆ 回归分析 | 1.1.1 基于概率论面向功能的可靠性论证技术<br>☆ 可靠性解析论证技术<br>☆ 可靠性仿真论证技术<br><br>1.1.2 基于概率论面向功能的可靠性设计与分析技术<br>☆ 可靠性分配技术<br>☆ 可靠性预计技术<br>☆ 可靠性冗余设计技术<br>☆ 可靠性优化设计技术<br>☆ 故障模式影响危害定量分析技术<br>☆ 可靠性安全系数分析技术<br><br>1.1.3 基于概率论面向功能的可靠性试验验证技术<br>☆ 可靠性元器件升级使用技术<br>☆ 可靠性研制试验技术<br>☆ 可靠性验证试验技术<br><br>1.1.4 基于概率论面向功能的可靠性评估与优化技术<br>☆ 单元可靠性评估与优化技术<br>☆ 系统可靠性评估与优化技术<br>☆ 可靠性综合评估技术 |

（续）

可靠性技术体系

| 基础理论 | 基础技术 | 应用技术 |
|---|---|---|
| 1 面向功能的可靠性基础理论 | 1.2 基于模糊数学面向功能的可靠性基础技术（模糊可靠性数学）<br>☆ 可靠性度量<br>☆ 可靠性建模<br>☆ 可能性分布获取方法 | 1.2.1 基于模糊数学面向功能的可靠性论证技术<br>1.2.2 基于模糊数学面向功能的可靠性设计与分析技术<br>　☆ 可靠性优化设计技术<br>　☆ 模糊故障树定量分析技术<br>　☆ 模糊故障模式影响危害定量分析技术<br>1.2.3 基于模糊数学面向功能的可靠性试验验证技术<br>1.2.4 基于模糊数学面向功能的可靠性评估与优化技术 |
|  | 1.3 基于不确定性理论面向功能的可靠性基础技术（确信可靠性数学）<br>☆ 确信可靠性度量<br>☆ 确信可靠性建模 | 1.3.1 基于不确定性理论面向功能的可靠性论证技术<br>1.3.2 基于不确定性理论面向功能的可靠性设计与分析技术<br>1.3.3 基于不确定性理论面向功能的可靠性试验验证技术<br>1.3.4 基于不确定性理论面向功能的可靠性评估与优化技术 |
|  | 1.4 基于演绎分析法面向功能的可靠性基础技术<br>☆ FMEA方法学 | 1.4.1 基于演绎分析法面向功能的可靠性论证技术<br>1.4.2 基于演绎分析法面向功能的可靠性设计技术<br>　☆ FMEA分析技术<br>1.4.3 基于演绎分析法面向功能的可靠性试验评估验证技术<br>1.4.4 基于演绎分析法面向功能的可靠性评估与优化技术 |
|  | 1.5 基于逻辑分析法面向功能的可靠性基础技术<br>☆ FTA方法学 | 1.5.1 基于逻辑分析法面向功能的可靠性论证技术<br>1.5.2 基于逻辑分析法面向功能的可靠性设计与分析技术<br>　☆ FTA分析技术<br>1.5.3 基于逻辑分析法面向功能的可靠性试验验证技术<br>1.5.4 基于逻辑分析法面向功能的可靠性评估与优化技术 |

（续）

## 可靠性技术体系

| 基础理论 | 基础技术 | 应用技术 |
|---|---|---|
| | 1.6 基于相似理论面向功能的可靠性基础理论<br>☆ 可靠性基础技术<br>☆ 设计准则制定方法学 | 1.6.1 基于相似理论面向功能的可靠性论证技术<br>1.6.2 基于相似理论面向功能的可靠性设计与分析技术<br>☆ 设计准则的制定与核查<br>1.6.3 基于相似理论面向功能的可靠性试验验证技术<br>1.6.4 基于相似理论面向功能的可靠性评估与优化技术 |
| 2 面向性能的可靠性基础理论<br>（故障物理学） | 2.1 基于概率论面向物理学的可靠性基础技术（基于故障物理可靠性技术）<br>☆ 可靠性度量<br>☆ 故障机理建模<br>☆ 单元故障行为建模<br>☆ 系统故障行为建模 | 2.1.1 基于概率论面向物理学的可靠性论证技术<br>2.1.2 基于概率论面向物理学的可靠性设计与分析技术<br>☆ 可靠性预计技术<br>☆ 可靠性裕度设计技术<br>☆ 可靠性优化设计技术<br>☆ 故障模式机理影响定量分析技术<br>☆ 可靠性容限系数分析技术<br>2.1.3 基于概率论面向物理学的可靠性试验验证技术<br>☆ 可靠性模型验证试验技术<br>☆ 可靠性指标验证试验技术<br>2.1.4 基于概率论面向物理学的可靠性评估与优化技术<br>☆ 单元可靠性评估与优化技术<br>☆ 系统可靠性评估与优化技术<br>☆ 可靠性综合评估技术 |

（续）

| 基础理论 | 可靠性技术体系 | |
|---|---|---|
| | 基础技术 | 应用技术 |
| | 2.2 基于概率论面向应力强度干涉的可靠性基础技术<br>☆ 可靠性度量<br>☆ 干涉模型建模<br>☆ 单元故障行为建模<br>☆ 系统故障行为建模 | 2.2.1 基于概率论面向应力强度干涉的可靠性论证技术<br>2.2.2 基于概率论面向应力强度干涉的可靠性设计与分析技术<br>☆ 可靠性预计技术<br>☆ 可靠性裕度设计<br>☆ 可靠性优化设计技术<br>2.2.3 基于概率论面向应力强度干涉的可靠性试验验证技术<br>☆ 可靠性模型验证试验技术<br>☆ 可靠性指标验证试验技术<br>2.2.4 基于概率论面向应力强度干涉的可靠性评估与优化技术<br>☆ 单元可靠性评估与优化技术<br>☆ 系统可靠性评估与优化技 |
| 2 面向性能的可靠性基础理论（故障物理学） | 2.3 基于概率论面向裕度与不确定性量化的可靠性基础技术<br>☆ 可靠性度量<br>☆ 故障机理建模<br>☆ 单元故障行为建模<br>☆ 系统故障行为建模 | 2.3.1 基于概率论面向裕度与不确定性量化的可靠性论证技术<br>2.3.2 基于概率论面向裕度与不确定性量化的可靠性设计与分析技术<br>☆ 可靠性预计技术<br>☆ 可靠性裕度设计<br>☆ 可靠性优化设计技术<br>☆ 故障模式机理影响定量分析技术<br>2.3.3 基于概率论面向裕度与不确定性量化的可靠性试验验证技术<br>☆ 可靠性模型验证试验技术<br>2.3.4 基于概率论面向裕度与不确定性量化的可靠性评估与优化技<br>☆ 单元可靠性评估与优化技术<br>☆ 系统可靠性评估与优化技术 |

（续）

可靠性技术体系

| 基础理论 | 基础技术 | 应用技术 |
|---|---|---|
| 2 面向性能的可靠性基础理论（故障物理学） | 2.4 基于概率论面向网络拓扑与性能理论的可靠性基础技术<br>☆ 可靠性度量<br>☆ 故障机理建模<br>☆ 单元故障行为建模<br>☆ 系统故障行为建模 | 2.4.1 基于概率论面向网络拓扑与性能理论的可靠性论证技术<br>☆ 可靠性解析论证技术<br>☆ 可靠性仿真论证技术<br>2.4.2 基于概率论面向网络拓扑与性能理论的可靠性设计与分析技术<br>☆ 可靠性预计技术<br>☆ 可靠性裕度设计<br>☆ 可靠性优化设计技术<br>☆ 故障模式机理影响定量分析技术<br>2.4.3 基于概率论面向网络拓扑与性能理论的可靠性试验验证技术<br>☆ 可靠性模型验证试验技术<br>☆ 可靠性指标验证试验技术<br>2.4.4 基于概率论面向网络拓扑与性能理论的可靠性评估与优化技术<br>☆ 单元可靠性评估与优化技术<br>☆ 系统可靠性评估与优化技术 |
| | 2.5 基于模糊数学面向性能的可靠性基础技术<br>☆ 可靠性度量<br>☆ 可能性分布求取方法<br>☆ 可靠性建模 | 2.5.1 基于模糊数学面向性能的可靠性论证技术<br>2.5.2 基于模糊数学面向性能的可靠性设计与分析技术<br>2.5.3 基于模糊数学面向性能的可靠性试验验证技术<br>2.5.4 基于模糊数学面向性能的可靠性评估与优化技术 |
| | 2.6 基于不确定性理论面向性能的可靠性基础技术<br>☆ 确信可靠性度量<br>☆ 确信可靠性建模 | 2.6.1 基于不确定性理论面向性能的可靠性论证技术<br>2.6.2 基于不确定性理论面向性能的可靠性设计与分析技术<br>2.6.3 基于不确定性理论面向性能的可靠性试验验证技术<br>2.6.4 基于不确定性理论面向性能的可靠性评估与优化技术 |

（续）

<table>
<tr><th>基础理论</th><th colspan="4">可靠性技术体系</th></tr>
<tr><th></th><th>基础技术</th><th colspan="3">应用技术</th></tr>
<tr>
<td rowspan="2">2 面向性能的可靠性基础理论（故障物理学）</td>
<td>2.7 基于演绎分析法面向性能的可靠性基础技术<br>☆ FMEA 方法学</td>
<td>2.7.1<br>2.7.2<br><br>2.7.3<br>2.7.4</td>
<td>基于演绎分析法面向性能的可靠性论证技术<br>基于演绎分析法面向性能的可靠性设计与分析技术<br>☆ FMEA 分析技术<br>基于演绎分析法面向性能的可靠性试验验证技术<br>基于演绎分析法面向性能的可靠性评估与优化技术</td>
</tr>
<tr>
<td>2.8 基于逻辑分析法面向性能的可靠性基础技术<br>☆ FTA 方法学</td>
<td>2.8.1<br>2.8.2<br><br>2.8.3<br>2.8.4</td>
<td>基于逻辑分析法面向性能的可靠性论证技术<br>基于逻辑分析法面向性能的可靠性设计与分析技术<br>☆ FTA 分析技术<br>基于逻辑分析法面向性能的可靠性试验验证技术<br>基于逻辑分析法面向性能的可靠性评估与优化技术</td>
</tr>
<tr>
<td></td>
<td>2.9 基于相似理论面向性能的可靠性基础技术<br>☆ 设计准则制定方法学</td>
<td>2.9.1<br>2.9.2<br><br>2.9.3<br>2.9.4</td>
<td>基于相似理论面向性能的可靠性论证技术<br>基于相似理论面向性能的可靠性设计与分析技术<br>☆ 设计准则制定与核查技术<br>基于相似理论面向性能的可靠性试验验证技术<br>基于相似理论面向性能的可靠性评估与优化技术</td>
</tr>
<tr>
<td>3 面向功能与性能结合的可靠性基础理论</td>
<td>3.1 基于概率论面向功能与性能结合的可靠性基础技术<br>☆ 可靠性建模<br>☆ 参数估计与假设检验<br>☆ 回归分析</td>
<td>3.1.1<br>3.1.2<br><br>3.1.3<br><br><br>3.1.4</td>
<td>基于概率论面向功能与性能结合的可靠性论证技术<br>基于概率论面向功能与性能结合的可靠性设计与分析技术<br>☆ 可靠性预计技术<br>基于概率论面向功能与性能结合的可靠性试验验证技术<br>☆ 可靠性模型验证试验技术<br>☆ 可靠性指标验证试验技术<br>基于概率论面向功能与性能结合的可靠性评估与优化技术<br>☆ 单元可靠性评估与优化技术<br>☆ 系统可靠性评估与优化技术</td>
</tr>
</table>

| 可靠性技术体系 | | |
|---|---|---|
| 基础理论 | 基础技术 | 应用技术 |
| 3 面向功能与性能结合的可靠性基础理论 | 3.2　基于模糊数学面向功能与性能结合的可靠性基础技术 | 3.2.1　基于模糊数学面向功能与性能结合的可靠性论证技术<br>3.2.2　基于模糊数学面向功能与性能结合的可靠性设计与分析技术<br>3.2.3　基于模糊数学面向功能与性能结合的可靠性试验验证技术<br>3.2.4　基于模糊数学面向功能与性能结合的可靠性评估与优化技术 |
| | 3.3　基于不确定性理论面向功能与性能结合的可靠性基础技术 | 3.3.1　基于不确定性理论面向功能与性能结合的可靠性论证技术<br>3.3.2　基于不确定性理论面向功能与性能结合的可靠性设计与分析技术<br>3.3.3　基于不确定性理论面向功能与性能结合的可靠性试验验证技术<br>3.3.4　基于不确定性理论面向功能与性能结合的可靠性评估与优化技术 |
| | 3.4　基于演绎分析法面向功能与性能结合的可靠性基础技术 | 3.4.1　基于演绎分析法面向功能与性能结合的可靠性论证技术<br>3.4.2　基于演绎分析法面向功能与性能结合的可靠性设计与分析技术<br>3.4.3　基于演绎分析法面向功能与性能结合的可靠性试验验证技术<br>3.4.4　基于演绎分析法面向功能与性能结合的可靠性评估与优化技术 |
| | 3.5　基于逻辑分析法面向功能与性能结合的可靠性基础技术 | 3.5.1　基于逻辑分析法面向功能与性能结合的可靠性论证技术<br>3.5.2　基于逻辑分析法面向功能与性能结合的可靠性设计与分析技术<br>3.5.3　基于逻辑分析法面向功能与性能结合的可靠性试验验证技术<br>3.5.4　基于逻辑分析法面向功能与性能结合的可靠性评估与优化技术 |
| | 3.6　基于相似理论面向功能与性能结合的可靠性基础技术 | 3.6.1　基于相似理论面向功能与性能结合的可靠性论证技术<br>3.6.2　基于相似理论面向功能与性能结合的可靠性设计与分析技术<br>　☆ 设计准则制定与核查技术<br>3.6.3　基于相似理论面向功能与性能结合的可靠性试验验证技术<br>3.6.4　基于相似理论面向功能与性能结合的可靠性评估与优化技术 |

# 附表 2 维修性技术体系

维修性技术体系

| 基础理论 | 基础技术 | 应用技术 |
|---|---|---|
| 1 面向功能的维修性基础理论 | 1.1 基于概率论面向功能的维修性基础技术<br>☆ 维修性度量<br>☆ 维修性建模<br>☆ 参数假设检验 | 1.1.1 基于概率论面向功能的维修性论证技术<br>☆ 维修性解析论证<br>☆ 维修性仿真论证<br>1.1.2 基于概率论面向功能的维修性设计与分析技术<br>☆ 维修性分配方法<br>☆ 维修性预计方法<br>1.1.3 基于概率论面向功能的维修性试验验证技术<br>☆ 维修性统计试验<br>☆ 维修性演示试验<br>1.1.4 基于概率论面向功能的维修性评估与优化技术<br>☆ 基层级维修性评估与优化<br>☆ 其他级别维修性评估与优化 |
| | 1.2 基于模糊数学面向功能的维修性基础技术 | 1.2.1 基于模糊数学面向功能的维修性论证技术<br>1.2.2 基于模糊数学面向功能的维修性设计与分析技术<br>1.2.3 基于模糊数学面向功能的维修性试验检验技术<br>1.2.4 基于模糊数学面向功能的维修性评估与优化技术 |

（续）

| 基础理论 | 维修性技术体系 | | |
|---|---|---|---|
| | 基础技术 | 应用技术 | |
| | 1.3 基于相似理论面向功能的维修性基础技术 | 1.3.1 基于相似理论面向功能的维修性论证技术 | |
| | | ☆ 维修性定量指标的确定方法 | |
| | | ☆ 维修性指标门限值的确定方法 | |
| | | ☆ 维修性定性要求的确定方法 | |
| | ☆ 维修性定性准则制定方法学 | 1.3.2 基于相似理论面向功能的维修性设计与分析技术 | |
| | ☆ 维修性定性定量要求制定方法学 | ☆ 维修性设计准则制定及核查 | |
| | | ☆ 维修性指标分配方法 | |
| | | 1.3.3 基于相似理论面向功能的维修性试验验证技术 | |
| | | ☆ 维修性验证方法 | |
| | | 1.3.4 基于相似理论面向功能的维修性评估与优化技术 | |
| 1 面向功能的维修性基础理论 | 1.4 基于数字样机技术面向功能的维修性基础技术 | 1.4.1 基于数字样机技术面向功能的维修性论证技术 | |
| | | 1.4.2 基于数字样机技术面向功能的维修性设计与分析技术 | |
| | | ☆ 维修布局的分析技术 | |
| | ☆ 虚拟维修仿真与实时间建模方法 | 1.4.3 基于数字样机技术面向功能的维修性试验验证技术 | |
| | | ☆ 维修性验证方法 | |
| | | 1.4.4 基于数字样机技术面向功能的维修性评估与优化技术 | |
| | | ☆ 维修性设计评估方法 | |

（续）

| 基础理论 | 维修性技术体系 | |
| --- | --- | --- |
| | 基础技术 | 应用技术 |
| 1 面向功能的维修性基础理论 | 1.5 基于工作流分析方法面向功能的维修性基础技术<br>☆ 维修性功能流程建模方法学 | 1.5.1 基于工作流分析方法面向功能的维修性论证技术<br>1.5.2 基于工作流分析方法面向功能的维修性设计与分析技术<br>☆ 功能流程的设计分析技术<br>1.5.3 基于工作流分析方法面向功能的维修性试验验证技术<br>1.5.4 基于工作流分析方法面向功能的维修性评估与优化技术 |
| 2 面向性能的维修性基础理论 | 2.1 基于概率论面向性能的维修性基础技术<br>☆ 维修性度量<br>☆ 维修性模型<br>☆ 参数假设检验 | 2.1.1 基于概率论面向性能的维修性论证技术<br>2.1.2 面向拆卸的维修性设计<br>2.1.3 基于概率论面向性能的维修性试验验证技术<br>2.1.4 基于概率论面向性能的维修性评估与优化技术 |
| | 2.2 基于模糊数学面向性能的维修性基础技术 | 2.2.1 基于模糊数学面向性能的维修性论证技术<br>2.2.2 基于模糊数学面向性能的维修性设计与分析技术<br>2.2.3 基于模糊数学面向性能的维修性试验验证技术<br>2.2.4 基于模糊数学面向性能的维修性评估与优化技术 |
| | 2.3 基于相似理论面向性能的维修性基础技术<br>☆ 维修性定性准则制定方法学<br>☆ 维修性定性定量要求制定方法学 | 2.3.1 基于相似理论面向性能的维修性论证技术<br>2.3.2 基于相似理论面向性能的维修性设计与分析技术<br>☆ 维修性设计准则制定及核查<br>2.3.3 基于相似理论面向性能的维修性试验验证技术<br>2.3.4 基于相似理论面向性能的维修性评估与优化技术 |

维修性技术体系

| 基础理论 | 基础技术 | 应用技术 |
|---|---|---|
| 2 面向性能的维修性基础理论 | 2.4 基于数字样机技术面向性能的维修性基础技术<br>☆ 虚拟样机的维修性建模 | 2.4.1 基于数字样机技术面向性能的维修性论证技术 |
| | | 2.4.2 基于数字样机技术面向性能的维修性设计与分析技术<br>☆ 视觉可达性分析方法<br>☆ 维修可达性分析方法（或接触可达性）<br>☆ 维修碰撞干涉分析方法（或拆卸可达性）<br>☆ 维修障碍分析方法<br>☆ 维修性设计方案评估方法 |
| | | 2.4.3 基于数字样机技术面向性能的维修性试验验证技术 |
| | | 2.4.4 基于数字样机技术面向性能的维修性评估与优化技术 |
| | 2.5 基于工作流分析方法面向性能的维修性基础技术 | 2.5.1 基于工作流分析方法面向性能的维修性论证技术 |
| | | 2.5.2 基于工作流分析方法面向性能的维修性设计与分析技术 |
| | | 2.5.3 基于工作流分析方法面向性能的维修性试验验证技术 |
| | | 2.5.4 基于工作流分析方法面向性能的维修性评估与优化技术 |
| 3 面向功能与性能结合的维修性基础理论 | 3.1 基于概率论面向功能与性能结合的维修性基础技术 | 3.1.1 基于概率论面向功能与性能结合的维修性论证技术 |
| | | 3.1.2 基于概率论面向功能与性能结合的维修性设计与分析技术 |
| | | 3.1.3 基于概率论面向功能与性能结合的维修性试验验证技术 |
| | | 3.1.4 基于概率论面向功能与性能结合的维修性评估与优化技术 |

（续）

维修性技术体系

| 基础理论 | 基础技术 | 应用技术 | |
|---|---|---|---|
| | 3.2 基于模糊数学面向功能与性能结合的维修性基础技术 | 3.2.1 | 基于模糊数学面向功能与性能结合的维修性论证技术 |
| | | 3.2.2 | 基于模糊数学面向功能与性能结合的维修性设计与分析技术 |
| | | 3.2.3 | 基于模糊数学面向功能与性能结合的维修性试验验证技术 |
| | | 3.2.4 | 基于模糊数学面向功能与性能结合的维修性评估与优化技术 |
| | 3.3 基于相似理论面向功能与性能结合的维修性基础技术 | 3.3.1 | 基于相似理论面向功能与性能结合的维修性论证技术 |
| | | 3.3.2 | 基于相似理论面向功能与性能结合的维修性设计与分析技术 |
| | | 3.3.3 | 基于相似理论面向功能与性能结合的维修性试验验证技术 |
| | | 3.3.4 | 基于相似理论面向功能与性能结合的维修性评估与优化技术 |
| 3 面向功能与性能结合的维修性基础理论 | 3.4 基于数字样机技术面向功能与性能结合的维修性基础技术 | 3.4.1 | 基于数字样机技术面向功能与性能结合的维修性论证技术 |
| | | 3.4.2 | 基于数字样机技术面向功能与性能结合的维修性设计与分析技术 |
| | | 3.4.3 | 基于数字样机技术面向功能与性能结合的维修性试验验证技术 |
| | | 3.4.4 | 基于数字样机技术面向功能与性能结合的维修性评估与优化技术 |
| | 3.5 基于工作流分析方法面向功能与性能结合的维修性基础技术 | 3.5.1 | 基于工作流分析方法面向功能与性能结合的维修性论证技术 |
| | | 3.5.2 | 基于工作流分析方法面向功能与性能结合的维修性设计与分析技术 |
| | | 3.5.3 | 基于工作流分析方法面向功能与性能结合的维修性试验验证技术 |
| | | 3.5.4 | 基于工作流分析方法面向功能与性能结合的维修性评估与优化技术 |

附表 3　保障性技术体系

保障性技术体系

| 基础理论 | 基础技术 | 应用技术 |
|---|---|---|
| 1 面向装备功能和保障系统功能的保障性基础理论 | 1.1 基于概率面向功能的保障性基础技术<br>　☆ 保障性度量<br>　☆ 保障性建模<br>　☆ 参数假设检验 | 1.1.1 基于概率论面向功能的保障性论证技术<br>　☆ 保障性解析论证<br>　☆ 保障性仿真论证<br>1.1.2 基于概率论面向功能的保障性设计与分析技术<br>　☆ 保障性分配<br>　☆ 保障性预计<br>1.1.3 基于概率论面向功能的保障性试验验证技术<br>　☆ 保障性研制试验<br>　☆ 保障性定型试验<br>1.1.4 基于概率论面向功能的保障性评估与优化技术 |
| | 1.2 基于相似理论面向功能的保障性基础技术<br>　☆ 保障性定性准则制定方法学<br>　☆ 保障性定量要求制定方法学 | 1.2.1 基于相似理论面向功能的保障性论证方法<br>1.2.2 基于相似理论面向功能的保障性设计要求分析技术<br>　☆ 保障性设计分析方法<br>　☆ 保障性设计准则制定与检查<br>1.2.3 基于相似理论面向功能的保障性试验验证技术<br>1.2.4 基于相似理论面向功能的保障性评估与分析技术 |
| | 1.3 基于逻辑分析法面向功能的保障性基础技术<br>　☆ RCM 方法学<br>　☆ 保障系统建模方法学 | 1.3.1 基于逻辑分析法面向功能的保障性论证技术<br>1.3.2 基于逻辑分析法面向功能的保障性设计与分析技术<br>　☆ RCM 分析技术<br>　☆ LORA 分析技术<br>1.3.3 基于逻辑分析法面向功能的保障性试验验证技术<br>1.3.4 基于逻辑分析法面向功能的保障性评估与优化技术 |

保障性技术体系

（续）

| 基础理论 | 基础技术 | 应用技术 |
|---|---|---|
| 1 面向装备功能和保障系统功能的保障性基础理论 | 1.4 基于工作流分析法面向功能的保障性基础技术<br>☆ MTA方法学<br>☆ 保障过程建模方法学 | 1.4.1 基于工作流分析法面向功能的保障性论证技术<br>1.4.2 基于工作流分析法面向功能的保障性设计与分析技术<br>☆ MTA分析技术<br>1.4.3 基于工作流分析法面向功能的保障性试验验证技术<br>1.4.4 基于工作流分析法面向功能的保障性评估与优化技术<br>☆ 保障性仿真评估技术 |
| 2 面向装备性能的保障性基础理论 | 2.1 基于概率论面向装备性能的保障性基础技术<br>☆ 保障性度量<br>☆ 保障性建模<br>☆ 参数假设设检验 | 2.1.1 基于概率论面向装备性能的保障性论证<br>☆ 保障性解析论证<br>☆ 保障性仿真论证<br>2.1.2 基于概率论面向装备性能的保障性设计与分析技术<br>☆ 保障性分配<br>☆ 保障性预计<br>2.1.3 基于概率论面向装备性能的保障性试验<br>☆ 保障性研制试验<br>☆ 保障性定型试验<br>2.1.4 基于概率论面向装备性能的保障性评估与优化技术 |
| | 2.2 基于相似理论面向装备性能的保障性基础技术<br>☆ 保障性定性准则制定方法学<br>☆ 保障性定量要求制定方法学 | 2.2.1 基于相似理论面向装备性能的保障性论证方法<br>2.2.2 基于相似理论面向装备性能的保障性定量要求确定方法<br>☆ 保障性设计准则制定与核查<br>2.2.3 基于相似理论面向装备性能的保障性试验验证技术<br>2.2.4 基于相似理论面向装备性能的保障性评估与优化技术 |
| | 2.3 基于逻辑分析法面向装备性能的保障性基础技术 | 2.3.1 基于逻辑分析法面向装备性能的保障性论证技术<br>2.3.2 基于逻辑分析法面向装备性能的保障性设计与分析技术<br>2.3.3 基于逻辑分析法面向装备性能的保障性试验验证技术<br>2.3.4 基于逻辑分析法面向装备性能的保障性评估与优化技术 |

（续）

| 基础理论 | 保障技术体系 | |
| --- | --- | --- |
| | 基础技术 | 应用技术 |
| 2 面向装备性能的保障性基础理论 | 2.4 基于工作流分析法面向装备性能的保障性基础技术 | 2.4.1 基于工作流分析法面向装备性能的保障性论证技术<br>2.4.2 基于工作流分析法面向装备性能的保障性设计与分析技术<br>2.4.3 基于工作流分析法面向装备性能的保障性试验验证技术<br>2.4.4 基于工作流分析法面向装备性能的保障性评估与优化技术 |
| 3 面向保障系统性能的保障性基础理论 | 3.1 基于概率论面向保障系统性能的保障性基础技术<br>☆ 保障系统性能度量<br>☆ 保障系统性能建模<br>☆ 参数假设检验 | 3.1.1 基于概率论面向保障系统性能的保障性论证技术<br>☆ 3.1.2 基于概率论面向保障系统性能的保障资源确定分析技术<br>3.1.3 基于概率论面向保障系统性能的保障性试验验证技术<br>☆ 3.1.4 使用过程保障资源优化技术 |
| | 3.2 基于相似理论面向保障系统性能的保障性基础技术<br>☆ 保障性定性准则制定方法学<br>☆ 保障性定量要求制定方法学 | ☆ 3.2.1 基于相似理论面向保障系统性能的保障性定量要求论证方法<br>☆ 3.2.2 基于相似理论面向保障系统性能的保障性设计准则制定与核查<br>3.2.3 基于相似理论面向保障系统性能的保障性试验验证技术<br>3.2.4 基于相似理论面向保障系统性能的保障性评估与优化技术 |
| | 3.3 基于逻辑分析法面向保障系统性能的保障性基础技术<br>☆ 保障资源品种确定方法学 | 3.3.1 基于逻辑分析法面向保障系统性能的保障性论证技术<br>☆ 3.3.2 基于逻辑分析法面向保障系统性能的保障性设计与分析技术<br>3.3.3 基于逻辑分析法面向保障系统性能的保障性试验验证技术<br>3.3.4 基于逻辑分析法面向保障系统性能的保障性评估与优化技术 |
| | 3.4 基于工作流分析法面向保障系统性能的保障性基础技术 | 3.4.1 基于工作流分析法面向保障系统性能的保障性论证技术<br>3.4.2 基于工作流分析法面向保障系统性能的保障性设计与分析技术<br>3.4.3 基于工作流分析法面向保障系统性能的保障性试验验证技术<br>3.4.4 基于工作流分析法面向保障系统性能的保障性评估与优化技术 |

（续）

保障性技术体系

| 基础理论 | 基础技术 | 应用技术 |
|---|---|---|
| 4 面向功能与性能结合的保障性基础理论 | 4.1 基于概率论面向功能与性能结合的保障性基础技术<br>☆ 保障性度量<br>☆ 保障性建模<br>☆ 参数假设检验 | 4.1.1 概率论面向功能与性能结合的保障性论证技术<br>4.1.2 概率论面向功能与性能结合的保障性设计与分析技术<br>4.1.3 概率论面向功能与性能结合的保障性试验验证技术<br>4.1.4 概率论面向功能与性能结合的保障性评估与优化技术 |
| | 4.2 基于相似理论面向功能与性能结合的保障性基础技术<br>☆ 保障性定性准则制定方法学<br>☆ 保障性定性定量要求制定方法学 | 4.2.1 相似理论面向功能与性能结合的保障性论证技术<br>☆ 保障性定性论证方法<br>4.2.2 相似理论面向功能与性能结合的保障性设计与分析技术<br>☆ 保障性设计准则制定与核查<br>4.2.3 相似理论面向功能与性能结合的保障性试验验证技术<br>4.2.4 相似理论面向功能与性能结合的保障性评估与优化技术 |
| | 4.3 基于逻辑分析法面向功能与性能结合的保障性基础技术 | 4.3.1 逻辑分析法面向功能与性能结合的保障性论证技术<br>4.3.2 逻辑分析法面向功能与性能结合的保障性设计与分析技术<br>4.3.3 逻辑分析法面向功能与性能结合的保障性试验验证技术<br>4.3.4 逻辑分析法面向功能与性能结合的保障性评估与优化技术 |
| | 4.4 基于工作流分析法面向功能与性能结合的保障性基础技术 | 4.4.1 工作流分析法面向功能与性能结合的保障性论证技术<br>4.4.2 工作流分析法面向功能与性能结合的保障性设计与分析技术<br>4.4.3 工作流分析法面向功能与性能结合的保障性试验验证技术<br>4.4.4 工作流分析法面向功能与性能结合的保障性评估与优化技术 |

# 附表4 测试性技术体系

| 测试性技术体系 | | |
|---|---|---|
| 基础理论 | 基础技术 | 应用技术 |
| 1 面向功能的测试性基础理论 | 1.1 基于概率论面向功能的测试性基础技术<br>☆ 测试性度量<br>☆ 测试性建模<br>☆ 参数假设检验 | 1.1.1 基于概率论面向功能的测试性论证技术<br>☆ 测试性解析论证<br>☆ 测试性仿真论证<br>1.1.2 基于概率论面向功能的测试性设计与分析技术<br>☆ 测试性分配<br>☆ 测试性预计<br>1.1.3 基于概率论面向功能的测试性试验验证技术<br>☆ 测试性研制试验<br>☆ 测试性定型试验<br>1.1.4 基于概率论面向功能的测试性评估与优化技术 |
| | 1.2 基于相似理论面向功能的测试性基础技术<br>☆ 测试性定性准则制定方法学<br>☆ 测试性定性定量要求制定方法学 | 1.2.1 基于相似理论面向功能的测试性论证技术<br>☆ 测试性定性定量要求论证方法<br>1.2.2 基于相似理论面向功能的测试性设计与分析技术<br>☆ 测试性设计准则制定与核查<br>1.2.3 基于相似理论面向功能的测试性试验验证技术<br>1.2.4 基于相似理论面向功能的测试性评估与优化技术 |
| | 1.3 基于数字/模拟电路原理面向功能的测试性基础技术<br>☆ 测试性度量<br>☆ 测试性建模 | 1.3.1 基于数字/模拟电路原理面向功能的测试性论证技术<br>1.3.2 基于数字/模拟电路原理面向功能的测试性设计与分析技术<br>☆ 诊断设计技术<br>☆ 测试点设计技术<br>☆ PHM技术<br>1.3.3 基于数字/模拟电路原理面向功能的测试性试验验证技术<br>1.3.4 基于数字/模拟电路原理面向功能的测试性评估与优化技术 |

（续）

| 测试性技术体系 | | |
|---|---|---|
| 基础理论 | 基础技术 | 应用技术 |
| 1 面向功能的测试性基础理论 | 1.4 基于工作流分析方法面向功能的测试性基础技术 | 1.4.1 基于工作流分析方法面向功能的测试性论证技术<br>1.4.2 基于工作流分析方法面向功能的测试性设计与分析技术<br>1.4.3 基于工作流分析方法面向功能的测试性试验验证技术<br>1.4.4 基于工作流分析方法面向功能的测试性评估与优化技术 |
| 2 面向性能的测试性基础理论 | 2.1 基于概率论面向性能的测试性基础技术<br>☆ 测试性度量<br>☆ 测试性建模<br>☆ 参数假设检验 | 2.1.1 基于概率论面向性能的测试性论证技术<br>☆ 测试性解析论证<br>☆ 测试性仿真论证<br>2.1.2 基于概率论面向性能的测试性设计与分析技术<br>☆ 测试性分配<br>☆ 测试性预计<br>2.1.3 基于概率论面向性能的测试性试验验证技术<br>☆ 测试性研制试验<br>☆ 测试性定型试验<br>2.1.4 基于概率论面向性能的测试性评估与优化技术 |
| | 2.2 基于相似理论面向性能的测试性基础技术<br>☆ 测试性定性准则制定方法学<br>☆ 测试性定性定量要求制定方法学 | 2.2.1 基于相似理论面向性能的测试性论证技术<br>☆ 测试性定性定量要求论证方法<br>2.2.2 基于相似理论面向性能的测试性设计与分析技术<br>☆ 测试性设计准则制定与核查<br>2.2.3 基于相似理论面向性能的测试性试验验证技术<br>2.2.4 基于相似理论面向性能的测试性评估与优化技术 |
| | 2.3 基于数字/模拟电路原理面向性能的测试性基础技术<br>☆ 测试性度量<br>☆ 测试性建模 | 2.3.1 基于数字/模拟电路原理面向性能的测试性论证技术<br>2.3.2 基于数字/模拟电路原理面向性能的测试性设计与分析技术<br>☆ 基于故障物理学的测试性设计技术<br>☆ PHM 技术<br>2.3.3 基于数字/模拟电路原理面向性能的测试性试验验证技术<br>2.3.4 基于数字/模拟电路原理面向性能的测试性评估与优化技术 |

（续）

| 测试性技术体系 | | |
|---|---|---|
| 基础理论 | 基础技术 | 应用技术 |
| 2　面向性能的测试性基础理论 | 2.4　基于工作流分析方法面向性能的测试性基础技术 | 2.4.1　基于工作流分析方法面向性能的测试性论证技术<br>2.4.2　基于工作流分析方法面向性能的测试性设计与分析技术<br>2.4.3　基于工作流分析方法面向性能的测试性试验验证技术<br>2.4.4　基于工作流分析方法面向性能的测试性评估与优化技术 |
| 3　面向功能与性能结合的测试性基础理论 | 3.1　基于概率论的面向功能与性能结合的测试性基础技术<br>☆ 测试性度量<br>☆ 测试性建模<br>☆ 参数假设检验 | 3.1.1　基于概率论的面向功能与性能结合的测试性论证技术<br>☆ 测试性解析论证<br>☆ 测试性仿真论证<br>3.1.2　基于概率论的面向功能与性能结合的测试性设计与分析技术<br>☆ 测试性分配<br>☆ 测试性预计<br>3.1.3　基于概率论的面向功能与性能结合的测试性试验验证技术<br>☆ 测试性研制试验<br>☆ 测试性定型试验<br>3.1.4　基于概率论的面向功能与性能结合的测试性评估与优化技术 |
| | 3.2　基于相似理论面向功能与性能结合的测试性基础技术<br>☆ 测试性定性准则制定方法学<br>☆ 测试性定性定量要求制定方法学 | 3.2.1　基于相似理论面向功能与性能结合的测试性论证技术<br>☆ 测试性定性定量要求论证方法<br>3.2.2　基于相似理论面向功能与性能结合的测试性设计与分析技术<br>☆ 测试性设计准则制定与核查<br>3.2.3　基于相似理论面向功能与性能结合的测试性试验验证技术<br>3.2.4　基于相似理论面向功能与性能结合的测试性评估与优化技术 |
| | 3.3　基于数字/模拟电路原理面向功能与性能结合的测试性基础技术<br>☆ 测试性度量<br>☆ 测试性建模 | 3.3.1　基于数字/模拟电路原理面向功能与性能结合的测试性论证技术<br>3.3.2　基于数字/模拟电路原理面向功能与性能结合的测试性设计与分析技术<br>☆ PHM 分析技术<br>3.3.3　基于数字/模拟电路原理面向功能与性能结合的测试性试验验证技术<br>☆ PHM 验证技术<br>3.3.4　基于数字/模拟电路原理面向功能与性能结合的测试性评估与优化技术 |

152

（续）

| 测试性技术体系 | | |
|---|---|---|
| 基础理论 | 基础技术 | 应用技术 |
| 3 面向功能与性能结合的测试性基础理论 | 3.4 基于工作流分析方法面向功能与性能结合的测试性基础技术 | 3.4.1 基于工作流分析方法面向功能与性能结合的测试性论证技术<br>3.4.2 基于工作流分析方法面向功能与性能结合的测试性设计与分析技术<br>3.4.3 基于工作流分析方法面向功能与性能结合的测试性试验验证技术<br>3.4.4 基于工作流分析方法面向功能与性能结合的测试性评估与优化技术 |

# 附表5 安全性技术体系

| 安全性技术体系 | | |
|---|---|---|
| 基础理论 | 基础技术 | 应用技术 |
| 1 面向使用安全的安全性基础理论 | 1.1 基于概率论面向使用安全的安全性基础技术<br>☆ 安全性度量<br>☆ 安全性建模<br>☆ 参数假设与检验 | 1.1.1 基于概率论面向使用安全的安全性论证技术<br>1.1.2 基于概率论面向使用安全的安全性设计与分析技术<br>☆ 安全风险分析<br>1.1.3 基于概率论面向使用安全的安全性试验验证技术<br>☆ 仿真试验验证<br>1.1.4 基于概率论面向使用安全的安全性评估与优化技术 |
| | 1.2 基于相似理论面向使用安全的安全性基础技术<br>☆ 安全性定性准则制定方法学<br>☆ 安全性定性定量要求制定方法学 | 1.2.1 基于相似理论面向使用安全的安全性论证技术<br>☆ 安全性定性定量要求论证方法<br>1.2.2 基于相似理论面向使用安全的安全性设计与分析技术<br>☆ 安全性设计准则制定与核查<br>1.2.3 基于相似理论面向使用安全的安全性试验验证技术<br>1.2.4 基于相似理论面向使用安全的安全性评估与优化技术 |
| | 1.3 基于逻辑分析法面向使用安全的安全性基础技术 | 1.3.1 基于逻辑分析法面向使用安全的安全性论证技术<br>1.3.2 基于逻辑分析法面向使用安全的安全性设计与分析技术<br>☆ 事件树分析 ETA<br>1.3.3 基于逻辑分析法面向使用安全的安全性试验验证技术<br>☆ 事故推演技术<br>1.3.4 基于逻辑分析法面向使用安全的安全性评估与优化技术 |

（续）

| 安全性技术体系 | | |
|---|---|---|
| 基础理论 | 基础技术 | 应用技术 |
| 1　面向使用安全的安全性基础理论 | 1.4　基于功能流程分析法面向使用安全的安全性基础技术 | 1.4.1　基于功能流程分析法面向使用安全的安全性论证技术<br>1.4.2　基于功能流程分析法面向使用安全的安全性设计与分析技术<br>　☆ 功能危险分析技术<br>　☆ 表格危险分析技术<br>　☆ 特定风险分析技术<br>　☆ 人为差错分析<br>1.4.3　基于功能流程分析法面向使用安全的安全性试验验证技术<br>1.4.4　基于功能流程分析法面向使用安全的安全性评估与优化技术 |
| 2　面向故障安全的安全性基础理论 | 2.1　基于概率论面向故障安全的安全性基础技术<br>　☆ 安全性度量<br>　☆ 安全性建模<br>　☆ 参数假设与检验 | 2.1.1　基于概率论面向故障安全的安全性论证技术<br>2.1.2　基于概率论面向故障安全的安全性设计与分析技术<br>　☆ 安全风险分析<br>2.1.3　基于概率论面向故障安全的安全性试验验证技术<br>　☆ 仿真试验验证<br>2.1.4　基于概率论面向故障安全的安全性评估与优化技术 |
| | 2.2　基于相似理论面向故障安全的安全性基础技术<br>　☆ 安全性定性准则制定方法学<br>　☆ 安全性定性定量要求制定方法学 | 2.2.1　基于相似理论面向故障安全的安全性论证技术<br>　☆ 安全性定性定量要求论证方法<br>2.2.2　基于相似理论面向故障安全的安全性设计与分析技术<br>　☆ 安全性设计准则制定与核查<br>2.2.3　基于相似理论面向故障安全的安全性试验验证技术<br>2.2.4　基于相似理论面向故障安全的安全性评估与优化技术 |

（续）

| 安全性技术体系 | | |
|---|---|---|
| 基础理论 | 基础技术 | 应用技术 |
| 2 面向故障安全的安全性基础理论 | 2.3 基于逻辑分析法面向故障安全的安全性基础技术 | 2.3.1 基于逻辑分析法面向故障安全的安全性论证技术<br>2.3.2 基于逻辑分析法面向故障安全的安全性设计与分析技术<br>☆ FTA 分析技术<br>☆ FMEA 分析技术<br>2.3.3 基于逻辑分析法面向故障安全的安全性试验验证技术<br>☆ 事故推演技术<br>2.3.4 基于逻辑分析法面向故障安全的安全性评估与优化技术 |
| | 2.4 基于功能流程分析法面向故障安全的安全性基础技术 | 2.4.1 基于功能流程分析法面向故障安全的安全性论证技术<br>2.4.2 基于功能流程分析法面向故障安全的安全性设计与分析技术<br>☆ 功能危险分析技术<br>☆ 表格危险分析技术<br>☆ 特定风险分析技术<br>☆ 人为差错分析<br>2.4.3 基于功能流程分析法面向故障安全的安全性试验验证技术<br>2.4.4 基于功能流程分析法面向故障安全的安全性评估与优化技术 |
| 3 面向保障安全的安全性基础理论 | 3.1 基于概率论面向保障安全的安全性基础技术<br>☆ 安全性度量<br>☆ 安全性建模<br>☆ 参数假设与检验 | 3.1.1 基于概率论面向保障安全的安全性论证技术<br>3.1.2 基于概率论面向保障安全的安全性设计与分析技术<br>☆ 安全风险分析<br>3.1.3 基于概率论面向保障安全的安全性试验验证技术<br>☆ 仿真试验验证<br>3.1.4 基于概率论面向保障安全的安全性评估与优化技术 |

156

（续）

| 安全性技术体系 | | |
|---|---|---|
| 基础理论 | 基础技术 | 应用技术 |
| 3　面向保障安全的安全性基础理论 | 3.2　基于相似理论面向保障安全的安全性基础技术<br>☆ 安全性定性准则制定方法学<br>☆ 安全性定性定量要求制定方法学 | 3.2.1　基于相似理论面向保障安全的安全性论证技术<br>☆ 安全性定性定量要求论证方法<br>3.2.2　基于相似理论面向保障安全的安全性设计与分析技术<br>☆ 安全性设计准则制定与核查<br>3.2.3　基于相似理论面向保障安全的安全性试验验证技术<br>3.2.4　基于相似理论面向保障安全的安全性评估与优化技术 |
| | 3.3　基于逻辑分析法面向保障安全的安全性基础技术 | 3.3.1　基于逻辑分析法面向保障安全的安全性论证技术<br>3.3.2　基于逻辑分析法面向保障安全的安全性设计与分析技术<br>3.3.3　基于逻辑分析法面向保障安全的安全性试验验证技术<br>☆ 事故推演技术<br>3.3.4　基于逻辑分析法面向保障安全的安全性评估与优化技术 |
| | 3.4　基于功能流程分析法面向保障安全的安全性基础技术 | 3.4.1　基于功能流程分析法面向保障安全的安全性论证技术<br>3.4.2　基于功能流程分析法面向保障安全的安全性设计与分析技术<br>☆ 功能危险分析技术<br>☆ 表格危险分析技术<br>☆ 特定风险分析技术<br>☆ 人为差错分析<br>3.4.3　基于功能流程分析法面向保障安全的安全性试验验证技术<br>3.4.4　基于功能流程分析法面向保障安全的安全性评估与优化技术 |

## 附表6　装备保障系统技术体系

| 装备保障系统技术体系 | | |
|---|---|---|
| 基础理论 | 基础技术 | 应用技术 |
| 1　面向功能的装备保障系统基础理论 | 1.1　基于概率论面向功能的装备保障系统基础技术<br>☆ 有效性、及时性度量及规模参数等<br>☆ 度量参数建模 | 1.1.1　基于概率论面向功能的装备保障系统论证技术<br>　☆ 解析论证<br>　☆ 仿真论证<br>1.1.2　基于概率论面向功能的装备保障系统设计与分析技术<br>　☆ 综合指标到单项指标的分解技术<br>　☆ 预计技术<br>1.1.3　基于概率论面向功能的装备保障系统试验验证技术<br>　☆ 要求指标验证技术<br>1.1.4　基于概率论面向功能的装备保障系统评估与优化技术<br>　☆ 使用阶段保障系统有效性、及时性及规模评估 |
| | 1.2　基于相似理论面向功能的装备保障工程综合基础技术<br>☆ 有效性、及时性和规模要求定性准则制定方法学<br>☆ 有效性、及时性和规模定量要求制定方法学 | 1.2.1　基于相似理论面向功能的装备保障系统论证技术<br>　☆ 保障系统定性定量指标的确定方法<br>1.2.2　基于相似理论面向功能的装备保障系统设计与分析技术<br>　☆ 保障系统设计准则制定及核查<br>1.2.3　基于相似理论面向功能的装备保障系统试验验证技术<br>1.2.4　基于相似理论面向功能的装备保障系统评估与优化技术 |

（续）

| 装备保障系统技术体系 | | |
| --- | --- | --- |
| 基础理论 | 基础技术 | 应用技术 |
| 2　面向性能的装备保障系统技术基础理论 | 2.1　基于概率论面向性能的装备保障系统基础技术<br>☆ 保障系统性能度量参数<br>☆ 保障系统性能参数建模 | 2.1.1　基于概率论面向性能的装备保障系统论证技术<br>2.1.2　基于概率论面向性能的装备保障系统设计与分析技术<br>2.1.3　基于概率论面向性能的装备保障系统试验验证技术<br>2.1.4　基于概率论面向性能的装备保障系统评估与优化技术 |
| | 2.2　基于相似理论面向性能的装备保障系统基础技术 | 2.2.1　基于相似理论面向性能的装备保障系统论证技术<br>2.2.2　基于相似理论面向性能的装备保障系统设计与分析技术<br>2.2.3　基于相似理论面向性能的装备保障系统试验验证技术<br>2.2.4　基于相似理论面向性能的装备保障系统评估与优化技术 |
| 3　面向功能与性能结合的装备保障系统技术基础理论 | 3.1　基于概率论面向功能与性能结合的装备保障系统基础技术 | 3.1.1　基于概率论面向功能与性能结合的装备保障系统论证技术<br>3.1.2　基于概率论面向功能与性能结合的装备保障系统设计与分析技术<br>3.1.3　基于概率论面向功能与性能结合的装备保障系统试验验证技术<br>3.1.4　基于概率论面向功能与性能结合的装备保障系统评估与优化技术 |
| | 3.2　基于相似理论面向功能与性能结合的装备保障系统基础技术 | 3.2.1　基于相似理论面向功能与性能结合的装备保障系统论证技术<br>3.2.2　基于相似理论面向功能与性能结合的装备保障系统设计与分析技术<br>3.2.3　基于相似理论面向功能与性能结合的装备保障系统试验验证技术<br>3.2.4　基于相似理论面向功能与性能结合的装备保障系统评估与优化技术 |

# 附表7 装备保障工程综合技术体系

| 装备保障工程综合技术体系 | | |
|---|---|---|
| 基础理论 | 基础技术 | 应用技术 |
| 1 面向功能的装备保障工程综合基础理论 | 1.1 基于概率论面向功能的装备保障工程综合基础技术<br>☆ 战备完好性与任务持续性度量<br>☆ 战备完好性与任务持续性建模<br>☆ 参数假设检验 | 1.1.1 基于概率论面向功能的装备保障工程综合论证技术<br>☆ RMS 解析论证<br>☆ RMS 仿真论证<br>1.1.2 基于概率论面向功能的装备保障工程综合设计与分析技术<br>☆ 综合指标到单项指标的分解技术<br>☆ 预计技术<br>1.1.3 基于概率论面向功能的装备保障工程综合试验验证技术<br>☆ 可用度验证技术<br>1.1.4 基于概率论面向功能的装备保障工程综合评估与优化技术<br>☆ 使用阶段战备完好与任务持续性评估 |
| | 1.2 基于相似理论面向功能的装备保障工程综合基础技术<br>☆ 战备完好性与任务持续性定性准则制定方法学<br>☆ R 战备完好性与任务持续性定性定量要求制定方法学 | 1.2.1 基于相似理论面向功能的装备保障工程综合论证技术<br>☆ RMS 定性定量指标的确定方法<br>1.2.2 基于相似理论面向功能的装备保障工程综合设计与分析技术<br>☆ 维修性设计准则制定及核查<br>1.2.3 基于相似理论面向功能的装备保障工程综合试验验证技术<br>1.2.4 基于相似理论面向功能的装备保障工程综合评估与优化技术 |

（续）

| 装备保障工程综合技术体系 | | |
|---|---|---|
| 基础理论 | 基础技术 | 应用技术 |
| 2　面向性能的装备保障工程综合技术基础理论 | 2.1　基于概率论面向性能的装备保障工程综合基础技术 | 2.1.1　基于概率论面向性能的装备保障工程综合论证技术<br>2.1.2　基于概率论面向性能的装备保障工程综合设计与分析技术<br>2.1.3　基于概率论面向性能的装备保障工程综合试验验证技术<br>2.1.4　基于概率论面向性能的装备保障工程综合评估与优化技术 |
| | 2.2　基于相似理论面向性能的装备保障工程综合基础技术 | 2.2.1　基于相似理论面向性能的装备保障工程综合论证技术<br>2.2.2　基于相似理论面向性能的装备保障工程综合设计与分析技术<br>2.2.3　基于相似理论面向性能的装备保障工程综合试验验证技术<br>2.2.4　基于相似理论面向性能的装备保障工程综合评估与优化技术 |
| 3　面向功能与性能结合的装备保障工程综合技术基础理论 | 3.1　基于概率论面向功能与性能结合的装备保障工程综合基础技术 | 3.1.1　基于概率论面向功能与性能结合的装备保障工程综合论证技术<br>3.1.2　基于概率论面向功能与性能结合的装备保障工程综合设计与分析技术<br>3.1.3　基于概率论面向功能与性能结合的装备保障工程综合试验验证技术<br>3.1.4　基于概率论面向功能与性能结合的装备保障工程综合评估与优化技术 |
| | 3.2　基于相似理论面向功能与性能结合的装备保障工程综合基础技术 | 3.2.1　基于相似理论面向功能与性能结合的装备保障工程综合论证技术<br>3.2.2　基于相似理论面向功能与性能结合的装备保障工程综合设计与分析技术<br>3.2.3　基于相似理论面向功能与性能结合的装备保障工程综合试验验证技术<br>3.2.4　基于相似理论面向功能与性能结合的装备保障工程综合评估与优化技术 |

# 参 考 文 献

[1] 朱毅麟. 以科学发展观为指导建立航天航天器产品型谱. 中国航天[J]. 2007.6:29 - 32.

[2] 朱毅麟. 产品型谱初探. 航天标准化[J]. 2005.2:5 - 7.

[3] 朱毅麟. 对产品化与产品型谱的再认识. 航天标准化[J]. 2006.4:22 - 24.

[4] 朱毅麟. 开展技术成熟度研究. 航天标准化[J]. 2008.2:12 - 17.

[5] 温济. 军用电子元器件型谱系列应用推广研究. 电子元器件与材料[J]. 2007(26):1 - 3.

[6] 张利. 大规模定制的汽车底盘产品族建模方法研究. 汽车工程[J]. 2006(28):405 - 409.

# 内 容 简 介

    本书以产品型谱研究思路为指导,系统总结了装备保障工程技术,建立了装备保障工程的基础理论集、基础技术集、使能技术集和应用技术集,构建了装备保障工程的技术型谱框架;提出了技术规格构建的通用方法,确定了装备保障工程相关技术的技术规格。从装备保障工程在保障特性、保障系统和综合等三个方面,形成了基础理论、使能技术、基础技术和应用技术规格,以及技术型谱表(技术体系);开发了装备保障工程技术型谱管理软件系统,主要包括技术型谱管理、型谱版本管理、型谱信息统计和数据字典管理等功能;初步探索了运用型谱确定技术重点发展方向的方法。

    本书既可作为装备保障工程领域研究生教材,还可以为从事装备保障工程理论与技术的研究人员和工程实践人员提供进一步深入研究的基础材料。